南朝111代主
小野寺直
Naoshi Onodera

もうひとりの天皇

南朝111代主が語る歴史の真実

SEIKO SHOBO

もうひとりの天皇　南朝111代主が語る歴史の真実

近代歴史教育の誤謬を糺す［まえがき］として

京都と奈良・吉野に、持明院統《じみょういんとう》と大覚寺統《だいかくじとう》と二つの朝廷が並び立つ時代がありました。これは明治という時代に入って「南北朝時代」と呼ばれましたが、私個人はこの「南北朝時代」を、一つの「時代」ではなく、「現象」ととらえたいと思います。

私があえて「現象」と書くのは、「南北朝時代」という一般認識に大きな間違いがあるからです。なぜ間違いがあるかといえば、明治以降の教育では正しく国民に教えられていないからです。

多くの国民が、

「この南北朝の抗争に関して、明治政体府による教育において元中《げんちゅう》九年（北朝の明徳三年〔一三九二〕）十月、和睦《わぼく》をもって南北両朝の合一が成立し、北朝が正統になり迭立《てつりつ》（交互に即位すること）すべきだったが、南朝は滅んで北朝しか存在しない」

という明治政体府による誤った教育によって誤解が生じています。それゆえに「現皇統が正統」であるかのような錯覚を招いたまま、今日《こんにち》に至っているのです。

歴史教育で刷り込まれている認識とは、

「延元（南朝の元号）元年／建武（北朝の元号）三年〔一三三六〕、足利尊氏《たかうじ》が持明院統の光明《こうみょう》院を擁立すると、後醍醐《ごだいご》天皇が吉野に朝廷を開き、吉野の後亀山天皇が武家の擁立した後小松《ごこまつ》と和睦したものの、天皇位の独占をはかった持明院統が後花園天皇を即位させ、『長禄《ちょうろく》の変』で南朝天皇を殺害し、三種の神器《しんき》を奪ったために南朝は断絶した」

というものでしょう。

しかし、これらには数々の間違いがあります。

本書で詳しく述べますが、

①正当な皇位継承からすれば、政体（北朝）は存在しない
②国体・政体（南北朝）は「両方が平等の立場で分裂した」わけではない
③政体（北朝）には皇位継承資格がない
④国体（南朝）天皇は殺害されていない
⑤三種の神器は奪われていない
⑥国体（南朝）は今も継承されている

というものです。ですから、国体府（南朝）の力が強かったり、衰えたりしたことから起きた現象が、「南北朝」と表現されるようになっただけのことです。これを実証するために、本書では当時の文献から解説していきます。

「南北朝」という名称は、明治新政体府によって明治十五年（一八八二）に作られたものです。

この名称が教育現場に持ち込まれ、教科書に登場するようになると、大覚寺統「吉野朝（南朝）」と持明院統「室町幕府（北朝）」のどちらが正統なのか、という「南北朝」正閏《せいじゅん》論争が起こります。

そして、明治四十四年（一九一一）二月、第二次桂太郎内閣の閣議において、

「大覚寺統（南朝）正統」

と議決され、国内はもとより全世界に発表されました。

しかし、翌年に明治天皇が亡くなり、混沌とした社会背景の中で、「北朝」である持明院閏統《じゅんとう》府《ふ》発布の「皇室典範」の「皇統譜令」をもとに、歴史的事実と異なる天皇家系図が策定され公表されます。これにより、閣議決定による南朝正統問題はその後も実質的な対応がなされないまま、現在に至っています。

私の玄祖父（祖父の祖父。系図上は私の曾祖父ですが、祖父の徳六郎が異母兄の勇五郎の戸籍上の実子とされたため、本書では知徳院を私の玄祖父としています。詳しくはあとがきを参照ください）は、歴史から覇権によって退けられた国体南朝の正統継承者である大政《たいせい》天皇（知徳院）です。**戊辰《ぼしん》戦争においては、東武天皇として擁立《ようりつ》されました。**

通説では、東武天皇は「持明院統の輪王寺宮公現法親王《りんのうじのみやこうげんほっしんのう》（のちの北白川宮能久《きたしらかわのみやよしひさ》親王）」である

と伝えられていますが、これは正確ではありません。

東武天皇といわれた人は本当は私の玄祖父で、仙台伊達慶邦《よしくに》によって擁立された、国体大覚寺統（南朝）の大政天皇だったのです。しかし、戦勝者となった明治政体府から戊辰戦争を起こした国賊として追われました。そこで、出家して民間に隠れました。

さらに、明治政体府の探索から逃れるためには自らすでに死去したと思わせなければならないと覚り、自分の墓所を親戚関係にある仙台伊達家の東京・高輪《たかなわ》の東禅寺墓域の中に造りました。その墓は、正面に燦然《さんぜん》と輝く十六弁菊花紋金具をつけた石棺が築かれ、その石棺はのちに港区が重要文化財に指定する青銅製の「納骨器」を納めていました。

この青銅製容器の本来の用途は、「舟」と呼ばれる神璽《しんじ》保管器だったのです。神璽とは、三種の神器のうち、勾玉《まがたま》を指します。

その後、明治二十三年（一八九〇）、明治政府の官憲により陵墓は破壊され、放棄されましたが、心ある人々によって集められ、仙台伊達家によって東京都港区芝白金台の瑞聖寺《ずいしょうじ》山内の仙台伊達家四代藩主・伊達綱村《つなむら》卿の子息の墓を仙台に移し、その中に秘密裡に奉祀、その後、本墓所は伊達邦宗伯爵より私の父に移管され、私が相続しました。なお、伊達綱村卿は江戸初期に『伊達正統世次考』を著して南朝正統を明らかにした人物です。

その大政天皇の墓所ですが、平成六年（一九九四）一月十四日に私が行政より改葬許可証を得て、一月二十一日に改葬に取りかかったところ、寺側の都合で中断させられました。そののち、寺は所有者である私の許可なく勝手に私の玄祖父の墓を掘り起こし、「納骨器」を持ち出して港区に寄贈してしまったのです。これは寺が墓所の管理権を無断取得するために行った不当行為です。

当然、行政はその納骨器が寺の所有物ではないことを知りながら、寄贈を受けたとして、「重要文化財」としたのです。そこで、私が先祖の遺品を奪還するには、訴訟を起こすしかありませんでした。

そして平成十五年（ワ）第二九八一九号事件として訴状を東京地方裁判所に受け付けてもらい、民事第十八部の扱いとなりました。

その訴えの「請求の原因」は以下です。

一、本件動産所有権帰属について

（一）原告小野寺直は、後醍醐天皇の末裔であると云われている知徳院（通称東武天皇）と仙台藩主伊達慶邦の養女との曾孫である後顕徳院（小野寺象一郎）の嫡子であり、後顕徳院の死亡により同人の地位を相続した。（以下略）

（二）明治元年の戊辰戦争に於て仙台伊達家十三代伊達慶邦氏が中心となって現在の皇統（北朝）と別の正統天皇（南朝）として担いだ知徳院（後醍醐天皇の末裔であると云われている通称東武天皇）の崩御の後、高輪東禅寺伊達家墓域に設けられた知徳院墳墓が国賊として明治政府の官憲によって発《あば》かれたために伊達宗基氏は明治二十三年四月同所（巣鴨）にあった父伊達慶邦氏及びその六男徳六郎の墳墓の改葬と称して、伊達家四代藩主伊達綱村の子女高姫（宝池院）及び扇千代（香林院）の墓域であった伊達家瑞聖寺墓所に徳六郎の神葬墓標を移転すると共に知徳院の遺骨及び墓石を納めた。従って高姫と扇千代については遺骨を他に移転した……（以下略）

これに対し、東京地方裁判所民事第十八部裁判官・飯田恭示氏は判決理由文で、

「以上の事情に鑑みれば確認書及び譲渡書は、原告において、勇蔵等の遺骨及び遺品を回収するため東禅寺の旧伊達家の墓所及び本件墓所の改葬を行うことを東禅寺及被告瑞聖寺等に認めさせるために作成したもので、前記墓所にある伊達家ゆかりの者の埋葬品までを原告に譲渡したことを明らかにすることを目的として作成されたものではないというべきであり貞宗も原告のこの趣旨を理解し、原告作成の文面による確認書及び譲渡証に署名捺印したものというのが相当である」

というのが、前記請求に対する東京地方裁判所第十八部の認定でした。

すなわち、裁判では私が「南朝の東武天皇（大政天皇）の子孫であり、本件墳墓の祭祀権者である」ということは認めながら、「納骨器は伊達ゆかりの品だから返す必要はない」とする奇妙な判決が下されました。この件に関しては、『世紀の敗訴　失われた宝と復活した正史』（小

野寺直著、大日本璽府広報出版局）という著書に詳しく書いています。

この裁判でも、いまだに続く国体天皇家に対する差別と迫害を感じました。私は「正統天皇家」の歴史、「三種の神器」の意味と真実、立憲君主国家としての天皇の継承問題に関して、国民の正しい理解を促したいのです。

歴史のタブーを明らかにしようとすると、必ず妨害しようとする勢力が現れます。実際、私に対しても執拗に批判・攻撃する人たちが活動しているようですが、私の立場は先述の判決理由をもってすでに確定しているのです。

悪意の者たちによってインターネット等にばらまかれた事実と異なるデマをただす意味でも、本書を通して真実とは何かを明らかにしたいと思います。また、出版社からの要望もあり、巻末で私に対する攻撃内容に反論させていただきました。

現代に「通説」とされているものの多くは、明治以降につくられたものが多いのです。しかし、本来、真実を確かめるためには、その時代にさかのぼって、当時の文献を分析し、真偽を問うべきものであるというのが、私の信念です。特に、皇統史に関しては巧みに改竄《かいざん》されているだけに、明治以降に出てきた通説には注意が必要です。

これまでの私の著書は反対意見が出ることを意識して、どうしても専門用語が多くなり、内容もどちらかというと硬いものにならざるを得ませんでした。今回はそれらを土台として、専門的な内容に関しても、できるだけわかりやすく解説しました。本書で興味を持っていただけたら、私のこれまでの著書をご覧いただければ幸いです。

日本では元首として国を代表する地位にある者は「国体《こくたい》」と呼ばれました。「国体」とは権威であり、「三種の神器」を持つ一人の皇統だけがそれに当たります。これに対して、政治を行う体制は「政体《せいたい》」と呼ばれました。現在の皇室はこちらに当たります。

外国では「政体」が国体の正統ではないことを知っています。だからこそ、「偽りの元首が治める国家」は見下されます。

近代国家としての日本国の不幸の原因はすべて国体と政体を正しく判別せず、偽りをもって政体を国体のごとくなしたことによるというのが私の考えです。

簒奪《さんだつ》王権は簒奪王権として明確にその位置に立って主張し行動すれば、行政的には簒奪王権であっても問題はありません。しかしそれを偽善的に作り替えたことによって政治的にも行政的にも問題が発生し、明治政体府の不幸が発生しました。その結果として第二次世界大戦に及び、敗戦という事態に至ったわけです。

現在の天皇が外国を訪問しても、国賓《こくひん》扱いされない場合があるのは、このことと関係があります。この点も、詳しくは本文で述べましょう。

今ここに明治以来、実績を積んできた「政体」が、本来の「国体」との立場の違いを明確にして、相互理解のもとに協力し合い、日本国の国際的な地位の向上と、国際社会への貢献ができることを心より願っております。その趣旨のもと、このたび、「一般財団法人・大日本国国体府」を設立いたしました。

なお、本書では「南朝天皇」のほかに、「南主《なんしゅ》」「国体」という呼称も使用しています。これは南朝天皇とほとんど同じ意味なのですが、「国体」としての皇統の継承者という意味を込めています。

最後に、後醍醐天皇が晩年に詠んだ歌を紹介します。「自らが命がけで民のことを思うほど、民は自分のことを理解してくれないものだ」という苦悩を詠《うた》っています。

後醍醐天皇御製

身にかへて　思ふとたにも　知らせはや　民の心の　おさめかたさを

南主・小野寺直《おのでらなおし》

【装幀】――フロッグキングスタジオ
【編集】――高橋清貴
【編集協力】――塩川貴洋
【写真】――特記以外は著者提供

もくじ

第1章 歴史の中で南朝天皇と小野寺氏はどう動いたか

第2章 南朝天皇の真実はこうして隠蔽された

第3章 小野寺氏蔵の「三種の神器」が本物だと言える理由

第4章　明治天皇すり替え説とM資金と熊沢天皇の真実

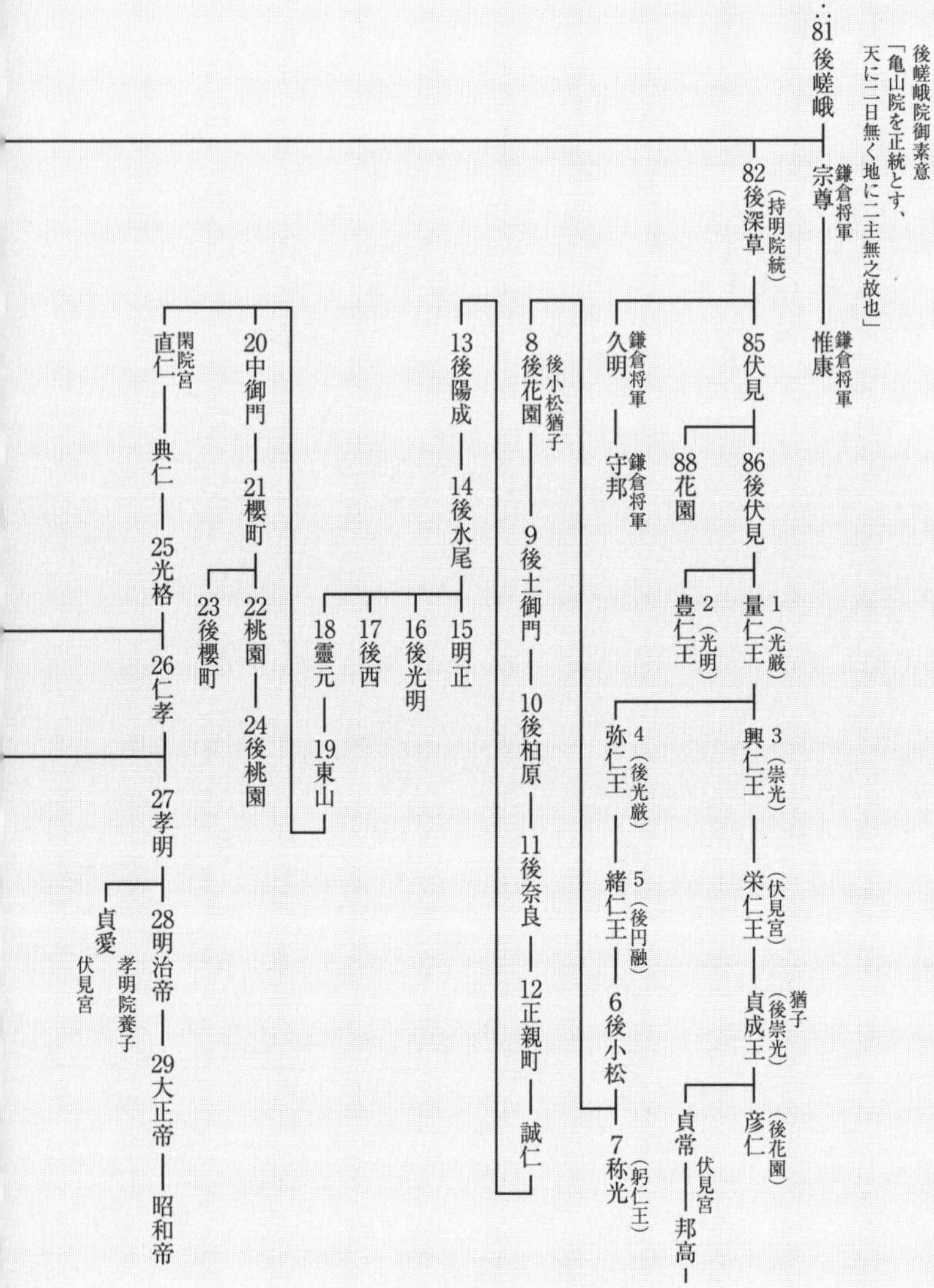

後嵯峨院御素意
「亀山院を正統とす、天に二日無く地に二主無之故也」
…81後嵯峨
鎌倉将軍 宗尊
鎌倉将軍 惟康
82後深草（持明院統）
85伏見
鎌倉将軍 久明
鎌倉将軍 守邦
86後伏見
88花園
1 量仁王（光厳）
2 豊仁王（光明）
3 興仁王（崇光）
4 弥仁王（後光厳）
5 緒仁王（後円融）
6後小松
7 称光（躬仁王）
栄仁王（伏見宮）
貞成王（後崇光）
猶子
彦仁（後花園）
貞常
伏見宮
邦高
後小松猶子
8後花園
9後土御門
10後柏原
11後奈良
12正親町
誠仁
13後陽成
14後水尾
15明正
16後光明
17後西
18靈元
19東山
20中御門
21櫻町
22桃園
23後櫻町
24後桃園
閑院宮
直仁
典仁
25光格
26仁孝
27孝明
28明治帝
29大正帝
昭和帝
貞愛
孝明院養子
伏見宮

【南朝天皇の系図】

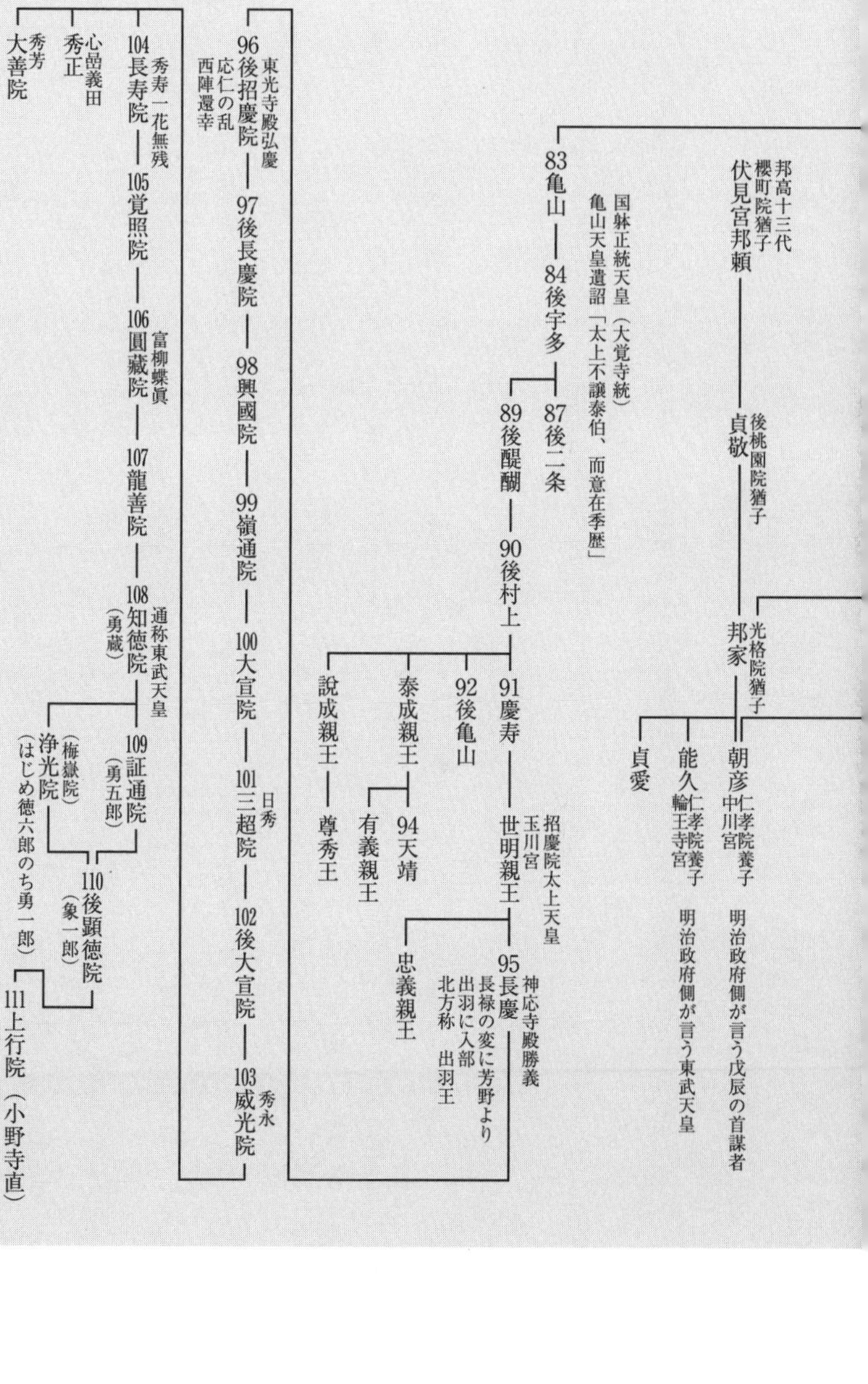
邦高十三代
櫻町院猶子
伏見宮邦頼
後桃園院猶子
貞敬
光格院猶子
邦家
朝彦
仁孝院養子
中川宮
明治政府側が言う戊辰の首謀者
能久
仁孝院養子
輪王寺宮
明治政府側が言う東武天皇
貞愛
83亀山
84後宇多
国躰正統天皇（大覚寺統）
亀山天皇遺詔「太上不譲泰伯、而意在季歴」
87後二条
89後醍醐
90後村上
91慶寿
92後亀山
泰成親王
說成親王
招慶院太上天皇
玉川宮
世明親王
94天靖
有義親王
尊秀王
神応寺殿勝義
95長慶
長禄の変に芳野より
出羽に入部
北方称　出羽王
忠義親王
東光寺殿弘慶
96後招慶院
応仁の乱
西陣還幸
97後長慶院
98興國院
99嶺通院
100大宣院
101三超院
日秀
102後大宣院
103威光院
秀永
秀寿一花無残
104長寿院
105覚照院
富柳蝶眞
106圓藏院
107龍善院
通称東武天皇
108知徳院
（勇蔵）
109証通院
（勇五郎）
浄光院
（梅嶽院）
（はじめ徳六郎のち勇一郎）
110後顕徳院
（象一郎）
111上行院（小野寺直）
心嶽義田
秀正
秀芳
大善院

第1章 歴史の中で南朝天皇と小野寺氏はどう動いたか

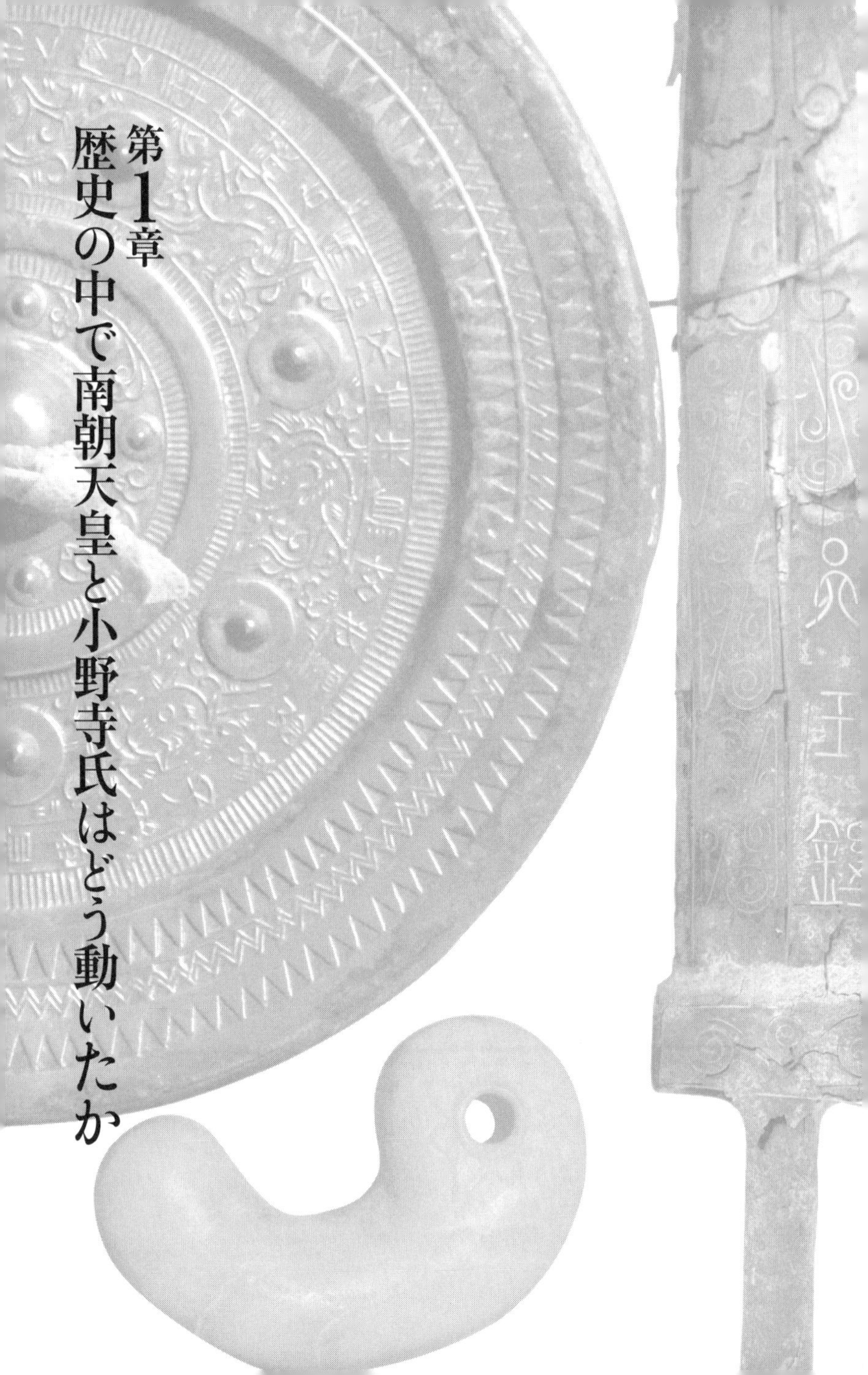

国体・吉野朝廷（南朝）と政体・京都朝廷（北朝）が生まれた

皆さんが我が国の「南北朝」と呼ばれた時代を正確に理解するには、鎌倉時代の第八十八代・後嵯峨《ごさが》天皇（一二二〇〜一二七二）の時代にまでさかのぼる必要があります。後嵯峨天皇の子供には、同じ母親から生まれた兄・後深草院《ごふかくさいん》と弟・亀山院《かめやまいん》という二人の息子がいました。腹違いの子供はほかにもいて、たとえば鎌倉幕府の六代征夷大将軍になった宗尊《むねたか》親王などは義理の兄に当たります。しかし、皇位を継ぐべき地位にあったのはあくまで後深草院と亀山院の二人だけです。

両者は後深草院＝持明院統、亀山院＝大覚寺統と呼ばれるようになります。

持明院統というのは、後深草院が邸内に仏像や祖先の位牌を安置する持仏堂をつくり、これを持明院と呼んだことに由来します。

大覚寺統は、亀山・後宇多両天皇が嵯峨にあった大覚寺の再興に力を尽くし、出家後は大覚寺に住んで院政を行ったことから採られています。

二人の父親である後嵯峨天皇は、

「皇位は後深草院は一代限り。それ以降は亀山院、そして亀山院の子孫において、代々継承するように」

という遺言を残しました。

これは「南北朝時代」の歴史書である『梅松論《ばいしょうろん》』に書かれています。『梅松論』を見ると当時の人々がこの問題をどのようにとらえて観ていたかが理解できるので、引用してみましょう（括弧内は引用者による注、以下同）。

「爰《ここ》に後嵯峨院。寛元年中に崩御の刻。遺勅に宣《いわ》く。一の御子後深草院御即位有《ある》べし。おりゐの後は長講堂領百八十ヶ所を御領として御子孫永く在位の望をやめらるべし。

次に二の御子亀山院御即位ありて。御治世は累代敢《あえ》て断絶あるべからず。子細有に依《より》てなりと御遺命あり。依レ之《これによりて》後深草院御治世。寛治元年（一二四七）より正元元年（一二五九）に至《いたる》までなり。

次に亀山院の御子後宇多院御在位。建治元年（一二七五）より弘安十年（一二八七）にいたる迄也。

後嵯峨院崩御以後。三代は御譲《ゆずり》に任せて御治世相違なき所に。後深草の院の御子伏見の院は一の御子の御子孫なるに。御即位有《あり》て正応元年（一二八八）より永仁六年（一二九八）に至る。

次に伏見院の御子持明院。正安元年（一二九九）より同三年（一三〇一）に至る。

此《この》二代は関東のはからひよこしまなる沙汰なり。然間《しかるあいだ》二の御子亀山院の御子孫御鬱憤有《ある》に依《より》て。

又其理《そのことわり》に任せて後宇多院の御子後二條院御在位あり。乾元元年（一三〇二）より徳治二年（一三〇七）に至る。

又此君非義有《ひぎある》に依《より》て。立《たち》かへり後伏見院の御弟萩原新院（花園）御在位あり。延慶元年（一三〇九）より文保二年（一三一八）に至る。

亦御理運《うん》に帰す。後宇多院の二の御子後醍醐御在位あり。元応元年（一三一九）より元弘元年（一三三一）に到る。

如レ此《かくのごとく》後嵯峨院の御遺勅に相違（伏見・持明院〔後伏見〕・萩原新院〔花園〕三人の後深草院の子孫が皇位に即位したことをいう）して。御即位転変《てんぺん》せし事。併《あわせて》関東の無道なる沙汰に及びしより。いかでか天命に背かざるべきと遠慮ある人々の耳目を驚かさぬはなかりけり。

抑《そもそも》一の御子の御子伏見院御在位の比《ころ》。関東へ潜《ひそか》に連々《つぎつぎ》仰せられていはく。亀山院の御子孫御在位連続あらば。御治世のいせいを以《もって》のゆへに。諸国の武家君を擁護し奉らば。関東遂にあやうからむものなり。其故は承久に後鳥羽院隠岐国へ移し奉りし事。安からぬ叡慮なりしを。彼（亀山）院深思召《ふかくおぼしめさ》れて。やゝもすれば天気関東を討亡《うちほろぼ》し。治平ならしめむ趣なれども。時節いまだ到来せざるに依て今に到るまで安全ならず。一の御子後深草院の御子孫にを《お》いては天下のためにとて。元より関東の安寧を思召《おぼしめし》候所なりと仰下《おおせくだ》されける程に。

依レ之《これによりて》関東より君（亀山院）をうらみ奉る間。御在位の事にをいては一の御子後深草院。二の御子亀山院の両御子孫。十年を限《かぎり》に打替《うちかえ》〳〵御治世あるべきよしはからひ申間《もうすあいだ》。

後醍醐院の御時。当今の勅使には吉田大納言定房卿。持明院の御使《おつかい》には日野中納言の二男の卿。京都鎌倉の往復再三にを《お》よぶ。勅使と院の御使と両人関東にをいて問答事多しといへども。定房卿申されけるは。

既に後嵯峨院の御遺勅に任せて。一の御子後深草院の御子孫。長講堂領を以《もって》今に御管領有《ある》うへは。二の御子亀山院の御子孫は累代相違あるべからざる所に。関東の沙汰として度々に及《およん》で転変更に其《その》期を得ず。当御子孫御在位の煩《わずらい》常《つねに》篇（書）に絶《たえ》ず。篇を尽し申さるゝといへども。以《もって》同篇たる上は是非にあたはざるよし。再三仰下《おおせくだ》さるゝによつて。二の御子の御子孫後醍醐院御禅を受給《うけたま》ひて。元応元年（一三一九）より元弘元年（一三三一）に到る御在位の間。今にをいては後嵯峨院の御遺勅治定之処に。元徳二年（一三三〇）に持明院（のち後伏見と改めらる）

後醍醐天皇像（清浄光寺蔵、上）と
楠木正成像（楠妣庵観音寺蔵）

の御子（量仁王）立坊の義なり。以《もつて》の外の次第也。
凡下《ぼんげ》として天下の位を定奉《さだめたてまつ》る事をしらず。且《かつ》は後さがの院の明鏡なる遺勅をやぶり奉る事。天命いかむぞや。たやすく御在位十年を限に打替〳〵あるべき規矩《くき》を定申さむや。しかれば持明院統十年御在位の時は御治世と云《いい》。長講堂領と云、御満足有《ある》べし。当（国体皇統）子孫空位の時は、いづれの所領をもて有べきや。所詮持明院の御子孫すでに立坊の上は。彼（量仁王）御在位十年の間は長講堂領を以《もつて》。十年亀山院の御子孫に可レ被レ進《しんぜらるべし》よし。数ヶ度道理を立て問答に及ぶといへども。是非なく持明院の御子光厳院立坊の間。後醍醐院逆鱗にたへずして元弘元年の秋八月廿四日。ひそかに禁裏を御出有《おんいであり》て山城国笠置山へ臨幸あり」

と記されています。

すなわち『梅松論』の内容を現代文で説明すれば、後嵯峨天皇は、皇位を継承できなくなる後深草院の子孫が経済的に困らないように配慮し、皇室の長講堂領《ちょうこうどうりょう》（私領）のすべてを後深草院に与えることにしました。一方、亀山院の方には代々皇統を継ぐからということで、国衙領《こくがりょう》（天皇になった者が代々その身分を維持するために保有する領地）をすべて与えました。

そして、実際に後嵯峨天皇が亡くなると、ご遺言通りに後深草院が皇位を継ぎ、そのあとに亀山院が皇位を継承しました。亀山院統は後宇多院へと継承されましたが、亀山院は一時期、後深草院の皇子、熙仁《ひろひと》親王を皇太子に立てます。

【土御門天皇から北朝・南朝の系図】

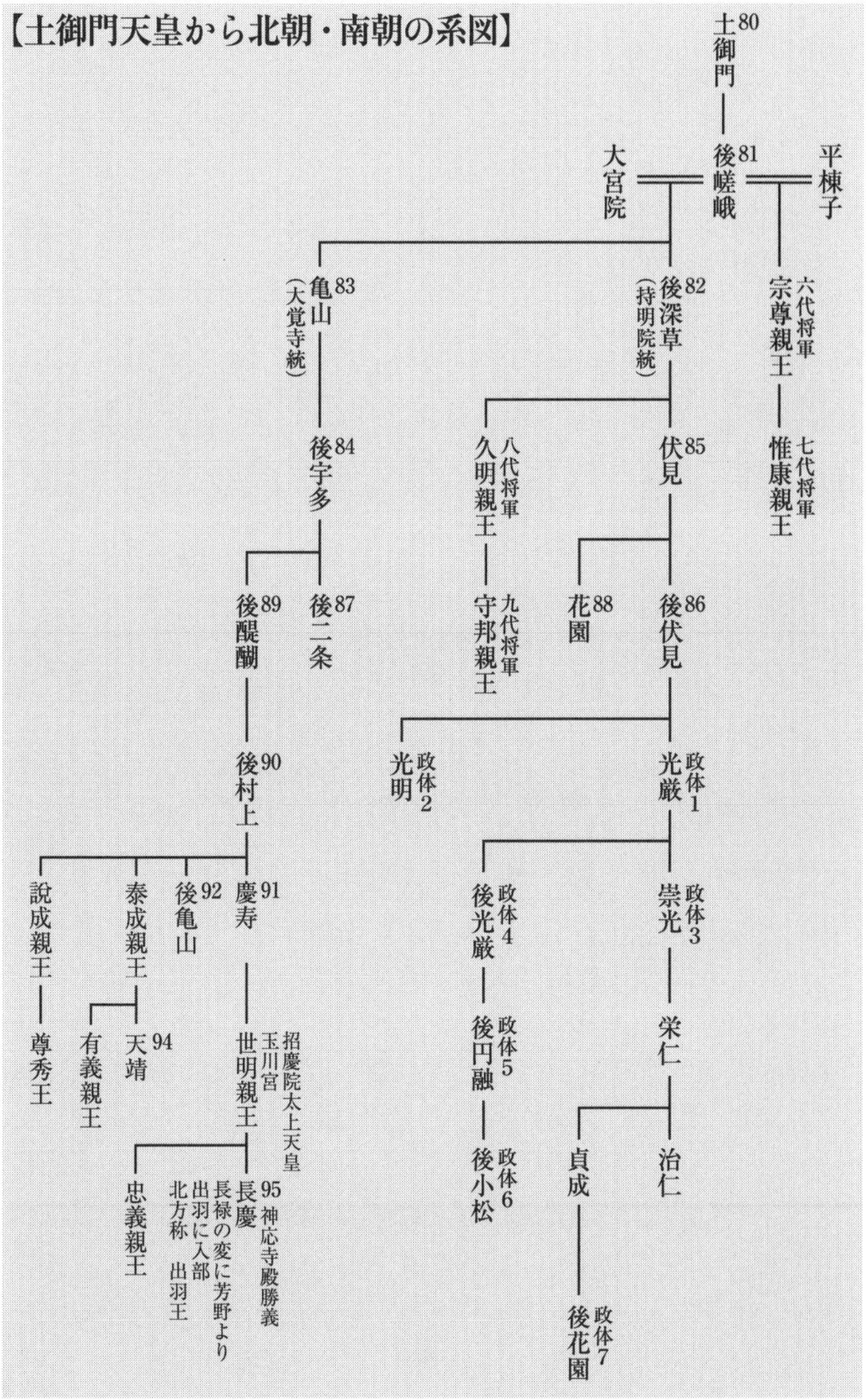

ところが、煕仁親王は亀山院に反抗して、亀山院への批判を訴えて鎌倉幕府を動かし、幕府が皇位継承に口を出すように仕向けます。その結果、皇位の継承は後嵯峨院のご遺詔《いしょう》（遺言）とは別に鎌倉幕府によって、

「持明院統（後深草院系）と大覚寺統（亀山院系）の両方の子孫の間で、十年をめどに交互に皇位を継承する」

と裁定されました。これを「両統迭立《りょうとうてつりつ》」といいます。

前ページに掲載した系図のように継承されますが、大覚寺統・後二条天皇（邦治《くにはる》）の正安三年（一三〇一）から、持明院統・花園天皇（富仁《とみひと》）と両統迭立が続いたあと、文保二年（一三一八）に大覚寺統・後醍醐天皇が皇位を引き継ぎ、元亨《げんこう》元年（一三二一）に親政（自らが政治を行うこと）を始めました。そして、鎌倉幕府の不当性や、経済的な理由から、楠木正成《くすのきまさしげ》などとともに天皇位を左右している鎌倉幕府の打倒をはかります。

ところが、正中《しょうちゅう》元年（一三二四）、計画が幕府に漏洩《ろうえい》して失敗します。これがのちに、「正中の変」と称される事件です。

幕府は後深草院からの賄賂《まいない》によって、後嵯峨院のご遺詔とは異なる、皇位の継承権のない後深草院（持明院統）の子（伏見院）、孫（後伏見院・花園院）の即位を後押しし、その後押しに無理が生じた時点で両統迭立の案を大覚寺統に勝手に押しつけて、嘉暦《かりゃく》元年（一三二六）七月、両統迭立を実行し、持明院統の量仁《ときひと》王を後醍醐天皇の皇太子としました。

その結果、二年後には自動的に後醍醐天皇は退位することにされてしまいます。しかも正統大覚寺皇統には退位後の生活の保障がまったくされていませんでした。

その理由は、後嵯峨天皇は長子の後深草院の資質を皇位の継承に不適切とみなし、その生活を維持するために天皇支配の庄園（私領）のすべてを与えてしまったからです。それに対して、亀山院の子孫は代々皇位を継承するため、天皇が即位したときに天皇として支配する国衙領と多少の庄園が与えられました。

その結果、持明院統から皇位に昇れば、国衙領も天皇私領の多くも、持明院統が支配することになります。そうすると、正統皇統である大覚寺皇統の権威の維持は不可能となってしまうわけで、実態は大覚寺統の自滅が持明院統と幕府の狙いでした。

そこで後醍醐天皇は元弘《げんこう》元年（一三三一）、天皇の証《あかし》である三種の神器を持って京都を脱出し、挙兵しました。これが「元弘の乱（元弘の変）」と呼ばれるものです。

現代の歴史書や教科書にはこの経過が書かれていないため、一般的な後醍醐天皇のイメージというと「わがままな人物」と映るのかもしれません。しかし、実際には、「持明院統の伏見が祖父・後嵯峨天皇のご遺言に反して幕府と組んで覇権をもって、不当に地位を奪ったため、その地位と職権を行動によって奪回せざるを得なかった」というのが、後醍醐天皇が行動を起こした理由だったのです。

元弘の乱が起きると、幕府は国体天皇の権威を奪い取ろうとして、後醍醐天皇の廃位を勝手に決め、皇太子とした持明院統の量仁王《ときひとおう》を光厳《こうごん》天皇として即位させました。ここに政体天皇が始まったのです。

後醍醐天皇は笠置山《かさぎやま》（現・京都府相楽郡《そうらくぐん》笠置町内）に籠城《ろうじょう》したものの、落城して幕府軍に捕らえられ、翌年の元弘二年／正慶《しょうきょう》元年（一三三二）に隠岐島《おきのしま》に流されます。

しかし、その翌年には隠岐島から脱出して、伯耆国《ほうきのくに》の船上山《せんじょうさん》（現・鳥取県東伯郡琴浦町《とうはくぐんことうらちょう》内）で挙兵します。

幕府から国体天皇を追討するために派遣された足利高氏《たかうじ》（尊氏）でしたが、後醍醐天皇の立場を理解し、後醍醐天皇側につき、幕府の六波羅探題《ろくはらたんだい》を攻略します。その直後に、東国で挙兵した足利尊氏の同族・新田義貞《よしさだ》が鎌倉を陥落させて北条氏は滅亡します。

後醍醐天皇は帰京すると、自らの退位、および光厳天皇の即位と在位を否定します。そして、幕府を全廃し、光厳のもとで行われていた人事をすべて無効としました。

摂政・関白などの天皇の代理人、補佐役などのポストも廃止しました。これが「建武の新政」と呼ばれる事件です。

ところが、鎌倉武府の滅亡後、信州で挙兵し、鎌倉に攻め入ってきた北条時行《ときゆき》の乱を鎮圧するために東国に出向いた足利尊氏が、建武二年（一三三五）、勅許《ちょっきょ》（天皇の許可）を得ないまま、鎮圧に功績のあった者に独自に恩賞を与えるなど、新政の指示から離反する行為を行うようになります。

この北条時行の子孫がのち伊勢早雲《そううん》と号し、後南朝の家臣として関東に移り、小田原北条氏の初代となったのです。その結果、後醍醐天皇と足利軍との戦いが始まりました。

足利軍が入京した際、後醍醐天皇は比叡山に逃れます。そして、足利尊氏からの和睦の要請に応じた結果、三種の神器は足利方に奪われ、自身は退位させられ、かつて花山天皇の邸宅だった京都の「花山院《かざんいん》」に幽閉されてしまいます。

尊氏は再び持明院統（北朝）から光厳上皇を迎え、そして、光厳上皇の院政のもと、光明天皇（豊仁王《ゆたひと》）が擁立されて足利幕府が開かれました。

しかし、後醍醐天皇は花山院を脱出して、「尊氏に渡した神器は贋物《にせもの》である」として、吉野（現・奈良県吉野郡吉野町）に政府を開きます。これにより、国体の吉野朝廷（南朝）と政体の京都朝廷（北朝）という二つの政府が存在する、「南北朝時代」が始まりました。

足利尊氏像（浄土寺蔵、上）と
新田義貞像（藤島神社蔵）

国体の「南朝天皇」は後醍醐天皇――→後村上天皇《ごむらかみ》（義良《のりよし》）――→長慶天皇《ちょうけい》（慶寿院《けいじゅいん》）――→後亀山《ごかめやま》天皇（熙成《ひろなり》）と継承されます。

国体の南朝府第四代の後亀山天皇の代になっても、吉野国体の正統政府では武家の擁立による政体（北朝）政府をまったく認めませんでした。

持明院統は率先して和議を結びながら履行する気がなかった

明徳三年／元中《げんちゅう》九年（一三九二）になり、武家府（北朝）側が和平を申し入れてきました。長い戦乱のために国民の困窮も極まっていたのを見て、忍びがたい思いを寄せ、国体の吉野朝廷（南朝）では和平を受け入れることにしました。

そのときの武家府側からの和睦の条件とは、

「後亀山天皇は譲国の儀式により、神器を持明院統の後小松院に渡す」

「皇位は大覚寺統（国体）と持明院統（政体）の両統が交互に継承する」

「諸国の国衙領はすべて大覚寺統が支配する」

「長講堂領はすべて持明院統が支配する」

というものでした。つまり、両統迭立に戻そうということです。

この約束に従って、後亀山天皇は三種の神器を持明院統の後小松院（幹仁王《もとひとおう》）に授けます。

こうして、後小松天皇が即位しました。この出来事は「明徳の和約」と呼ばれています。

ところが、十年ほど経た応永十九年（一四一二）になって、持明院統が和議の絶対条件であった両統迭立の約束を反故《ほご》にしてしまいます。

後小松天皇は後継者を大覚寺統から選ばなければならないはずでしたが、自分の長男である躬仁《みひと》王を称光天皇として即位させます。持明院統のみによる天皇位の独占をはかったわけです。

これは、最初から和議の条件を履行する意思がまったくなかったといわれても仕方のない行為でしょう。

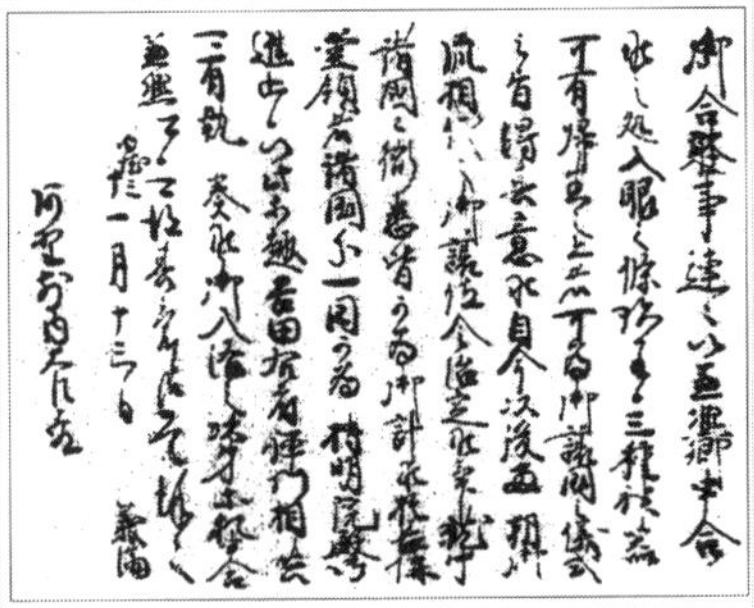

持明院統・足利義満の和睦申し入れ状（陽明文庫蔵）

称光天皇は生来、病気がちだったため、後小松上皇が院政を行いました。その後、正長元年（一四二八）、称光天皇は二十八歳で亡くなり、称光天皇は嗣子《しし》（跡取り）がなかったために、持明院統の嫡流《ちゃくりゅう》は断絶してしまいます。

このときも、後亀山天皇の皇子・小倉宮《おぐらのみや》（のちの招慶院太上天皇《しょうけいいんだいじょう》）は合一の条件、「両統迭立」の約束の履行を強く主張しました。

ところが、皇位継承にこだわった後小松院は、五世を経ていたので、大宝律令の規定によって皇位継承の資格のないはずの伏見宮家の彦仁王《ひこひとおう》を自分の猶子《ゆうし》（養子）とし、後花園天皇として即位させました。猶子とは養子の意味に近いのですが、自分の子供と同じような形式上の待遇を親戚などの子供に与えることです。

しかも、武家府（北朝）側の伏見宮貞成王《さだふさおう》（後崇光院《ごすこういん》）の『看聞記《かんもんき》』にこうあります。

「崇光院（興仁王《おきひとおう》）南方ニ御座之時《ゴザノトキ》、吾御子孫、帝位ノ競望有ルベカラズノコノ由アソバセラレル御告文ヲ出シオヨフ其レニ依《ヨッ》テ南朝ニ免申サレル」

つまり、伏見宮の崇光院が後村上天皇に捕らわれ、打ち首にされそうになったとき、「皇位継承を望まない」という念書を差し入れる代わりに、命を助けてもらったという記述です。そのために、武家府（北朝）では持明院統の正嫡《せいちゃく》の伏見宮の系統を皇位に就けられなくなったのです。

なお、文武天皇御代《みよ》の大宝元年（七〇一）に制定された「大宝令（大宝律令）」に記述のある「五世王は王の名を有すと雖《いえど》も皇親《こうしん》の限りにあらず」（五世離れた血縁にある皇族は王と名乗るのはよいが、皇族としては認めない）との定めによって、彦仁王には皇位の継承権はまったくないことを付記しておきます。

一方、一度皇族を離れて一般の姓を名乗ることを「臣籍降下《しんせきこうか》」と呼びますが、四世以内（天皇からみて、ひ孫の子供まで）にある者ならば、皇族を離れてもまた復帰することができます。

のちの話になりますが、明治四十四年（一九一一）、帝国議会で第二次桂太郎内閣が「大覚寺統（南朝）正統」とする決議を行ったとき、歴史教科書の「歴代天皇の表」から、北朝五代と称された光厳・光明・崇光・後光厳・後円融の五代の天皇呼称が明治帝認承のもと削除されました。これは近代国家としての日本では、後伏見院（持明院統）の子孫、すなわち現天皇の先祖は天皇ではなかったと認めたことになります。

両統迭立の約束を破って即位した後花園天皇即位に反抗して起こった国体府大覚寺統の南朝復興運動と、それにともなって樹立された政権が、通説で「後南朝」と呼ばれるものです。

正統政府再興をはかる南主の遺臣たちは尊義《たかよし》親王を擁立、そして、室町時代の嘉吉《かきつ》三年（一四四三）九月、「禁闕《きんけつ》の変」が起こります。

これは、国体（南朝）の復興を唱える後南朝勢力が、政体の後花園天皇の宮中に入り、政体にだまされて奪われた三種の神器を奪い返して比叡山へ逃れた事件です。

その後、首謀者たちは幕府軍に討たれますが、神璽（勾玉《まがたま》）は後南朝側に戻り、尊義親王は吉野で正統皇として即位しました。これに対して、政体持明院統の北朝は「長禄の変」と呼ばれる事件を起こします。

また、禁闕の変の二年前、嘉吉元年（一四四一）に「嘉吉の変」と呼ばれる事件が起きています。

これは室町幕府創業の功臣であり、播磨・備前・美作《みまさか》を領していた赤松満祐《あかまつみつすけ》が、室町幕府六代将軍・足利義教《よしのり》を暗殺した事件です。赤松満祐は最後には領国播磨で、幕府方の討伐軍に敗れて討たれました。

この嘉吉の変で将軍暗殺の罪により、赤松氏は取り潰されましたが、その復興を願う残党がいました。そこで、持明院統は「神璽奪回を条件として、赤松家再興を認める」と持ちかけました。

条件をのんだ赤松残党は、決死の覚悟で吉野に潜入しました。そして、長禄元年（一四五七）十二月、「後南朝に臣従する」と持ちかけて、だまし討ちにする計画を実行したのです。

これを受けて、通説では、

「赤松残党が後南朝の自天皇（尊秀王《たかひでおう》）・忠義王《ちゅうぎおう》兄弟を殺害して神璽を奪い返した。南朝の正統皇統はこの事件をもって途絶えた」

ということにされています。では本当にそうなのでしょうか。

南朝の断絶に関して「史実」とは異なる事実を述べる史料が存在する

ここからは「南北朝時代」において、通説で見逃されている史実や、あるいは意図的に隠されている真実の歴史を述べていきます。

「皇位は後深草院一代限りで、それ以降は亀山院、そして亀山院の子孫において、代々継承するように」

という後嵯峨天皇のご遺言からすれば、南朝といわれる大覚寺統が国体天皇であり、北朝の持明院統には天皇になる資格がないはずです。後嵯峨天皇のご遺言からすれば、「そもそも北朝は存在しえない」というのが正しいのです。

次の点こそが、両統迭立に関する真実です。

承久《じょうきゅう》三年（一二二一）、鎌倉幕府と対立していた後鳥羽上皇（顕徳院）が挙兵した「承久の乱」が起こります。

天皇は権力ではなく、権威の象徴です。当時は公卿《くぎょう》も武士もみな天皇の家臣としての自覚を持ち、行動していました。

ところが、そのバランスが崩れて、天皇の家臣でありながら家臣ではないというような行動、つまり、天皇のやることに口を出す者が出始めます。後鳥羽上皇の鎌倉幕府との対立にはそのような背景がありました。

しかし、このときは後鳥羽上皇は幕府の武力に鎮圧され、隠岐《おき》に遷座《せんざ》されることとなり、朝廷方の公卿・武士の所領は没収されます。そうしてこれが朝廷監視のために六波羅探題が置かれるきっかけともなった事件です。

足利氏の立場から南北朝時代を描いた軍記物語である『梅松論』によれば、亀山天皇はこの後鳥羽上皇の遺志を継ぐと期待された人格者で、慈悲深い一面もそなえていました。これに対して、後深草院は皇位を継承するのにふさわしい志を持たない人物でした。どちらかといえば、強い者に頼ろうとする主体性のない性格でした。

こうした状況で、亀山天皇は兄である後深草院に気を遣い、後深草院の皇子、熙仁《ひろひと》親王を皇太子に立てたのです。

ところが、熙仁親王は大変な策士で、鎌倉幕府に、

「亀山院の系統が皇位に就くのなら、いずれ鎌倉幕府は滅ぼされてしまうだろう」

などと、亀山天皇の悪口を延々と訴えるようになっていきます。それゆえに「人にあるまじき犬のような人、すなわち伏見」と呼ばれました。

かつて鎌倉幕府打倒のために兵を挙げた後鳥羽上皇の遺志を継ぐ人物と目される亀山天皇ですから、鎌倉幕府の執権・北条氏は自らの立場が不安になりました。その結果、大覚寺統の後

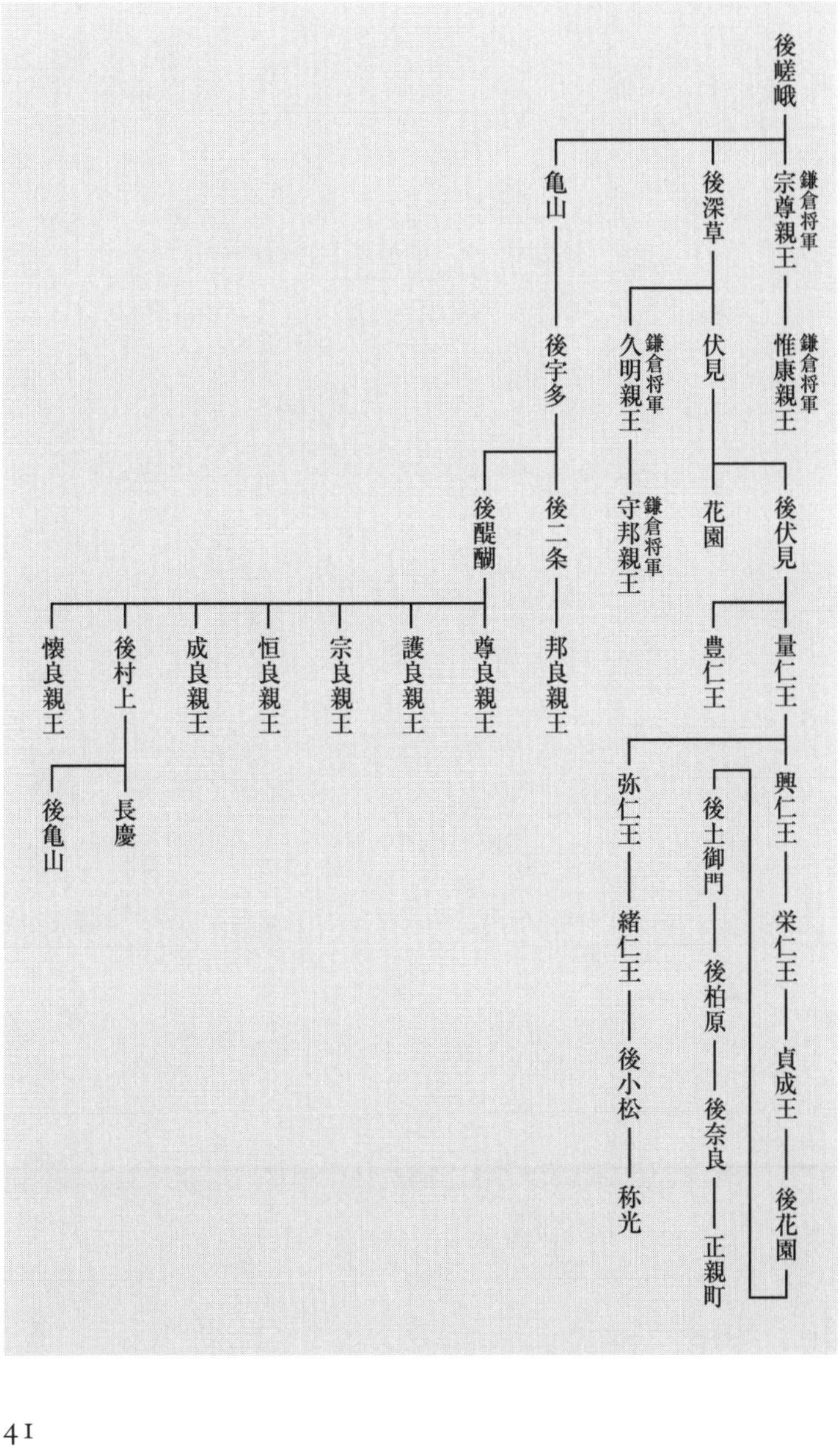
後嵯峨
鎌倉将軍 宗尊親王
鎌倉将軍 惟康親王
後深草
伏見
鎌倉将軍 久明親王
鎌倉将軍 守邦親王
花園
後伏見
量仁王
豊仁王
興仁王
栄仁王
貞成王
後花園
後土御門
後柏原
後奈良
正親町
弥仁王
緒仁王
後小松
称光
亀山
後宇多
後二条
邦良親王
後醍醐
尊良親王
護良親王
宗良親王
恒良親王
成良親王
後村上
長慶
後亀山
懐良親王

二条院の御代に鎌倉幕府執権の北条氏が覇権力をもって皇位継承に口を挟み、「持明院統（後深草院系）と大覚寺統（亀山院系）の両方の子孫の間で、十年をめどに交互に皇位を継承し、院政を行う」

と裁定したのです。

さらに、私が異議を唱えるのは、長禄の変において、「後南朝の自天皇（尊秀王）・忠義王兄弟が殺害され、北朝は神璽を奪い返した。南朝の正統皇統はこの事件をもって途絶えた」

とされる部分です。

このときに襲撃に参加した赤松残党の上月満吉《こうづきみつよし》が書き残した『上月記《こうづきき》』には、確かに「深雪の中、目指す南主の継承者を討ち取り、目的を果たした」と書かれています。

しかし、国体南朝の断絶という皇統の一大事だというのに、ほかの確実な記録ではほとんど裏づけができないというのもおかしくはないでしょうか。赤松残党の自己申告とも言える報告が、何の客観的な証拠もないまま鵜《う》呑《の》みにされ、いつのまにか、現代の歴史書に組み込まれているのです。

では、ほかにこのときの顚末《てんまつ》を記した記録はないのでしょうか。**実は公式の文書にも準ずる、信憑性の高い記録に、赤松残党の証言とは正反対の事実が記されているのです。**

それは持明院統の最高責任者である九条関白、藤原経教《つねのり》の息子で大和国の守護権を持つ、興福寺大乗院（奈良県奈良市）の門跡《もんぜき》（皇族・貴族出身の住職）だった大僧正・経覚《きょうがく》（安位寺《あんいじ》殿《どの》）が書いた『安位寺殿御自記』という日記に記されています。

日記の長禄二年（一四五八）四月十六日のくだりに、

「神璽《しんじ》ノ事、先年内裏《だいり》焼失ノ時、賊人之《ぞくじんこれ》ヲ取リ今ニ出現セズ。然《しか》ルニ今春二宮《にのみや》ヲ川上ニ於《お》テ打チ奉ル後、一宮《いちのみや》ハ奥ニ引籠《ひきこも》ラレル。神璽ニ於テ者《は》川上ノ母公ノ所ニ預ケレバ、此ノ段、小川弘光存知セシメテ悪党盗人取了《とりおわんぬ》」

とあります。

ここに書かれている「一宮」とは、自天皇のことです。要約すれば、こうです。

「神璽は数年前に南朝方に奪われたが、今春南朝の二宮を吉野の川上に打（討）ち、一宮は奥に逃げられた。神璽が川上の母公（一宮・二宮）の所に預けられていたのを小川弘光は知っていたので、小川弘光は母公の所から盗み取った」

つまり、持明院統の最高責任者の弟である経覚の記録には、赤松残党の「長禄元年に討ち取った」とする記録とは正反対のことが書かれているわけです。詳しくは次項で解説しますが、当時、「奥」とは陸奥《むつ》（現在の青森・岩手・宮城・福島）、出羽《でわ》（現在の山形・秋田）の両国を指しました。

このように、『上月記』と『安位寺殿御自記』ではまったく逆の結末が書かれていますが、ではそのどちらに信憑性があるのでしょうか。

『安位寺殿御自記』は時の関白の身内が綴った、北朝でも公式な立場にある者の公的な日記です。一方の『上月記』は、没落したうえ、所詮は恩賞目当ての襲撃者の側の報告書です。報告書ならば、自分の立場にプラスになるようなことを書くのは当たり前でしょう。

また、『安位寺殿御自記』には、赤松残党が奪ったはずの神璽が、なぜか「北朝に戻るのに一年以上もかかっている」ことも明らかにされています。一年以上も三種の神器はどこにあったのでしょうか。

重要な点はもう一つあります。南朝の当主はなぜ逃げたのか？

三種の神器を持つ者こそが唯一、正統な皇位者です。三種の神器とは皇位の継承者にとって先祖の御霊《みたま》そのものです。

現代では、三種の神器を皇位継承儀式の単なる道具のようにとらえる風潮がありますが、そのような軽い意味を持つものではありません。三種の神器がなければ、皇統の先祖を奉ることはできないからです。

「長禄の変」で自天皇（自天王）が赤松残党に襲われたとき、三種の神器を渡していれば、そのまま追われることもありませんでした。相手の目的は三種の神器を奪うことだったからです。

しかし、自天皇は逃げています。ということは「三種の神器を持っていたからこそ、持って逃げなければならなかった」のです。

以上から考えられる真実は、下記のようなものです。

赤松残党には家を再興したいという強い動機がありました。このときには、赤松家が取り潰されて十数年が経っていますから、やっと巡ってきた再興のチャンスです。彼らはこれを見逃すわけにはいきません。

ところが、襲撃は失敗し、自天皇は脱出に成功しました。こうなると、事の顚末を見ているのは自分たちだけですから、たとえ失敗したとしても「成功した」と嘘をつき通すしか、道はありませんでした。

そこで、**赤松残党は三種の神器の偽物をつくり、持明院統に渡したのです。そうすることで赤松氏はお家再興を実現しました。**

一方、持明院統側としても、赤松残党の証言を額面通りに受け取ることに何の異存もありませんでした。とにかく、表向きはこれで「南朝は断絶した。三種の神器を取り戻した」と喧伝できますし、これによって天皇家としての自分たちの正統性が揺るぎないものと喧伝できるからです。

こうして持明院統側と赤松氏、双方の思惑はピタリと一致し、以後の歴史認識は虚偽で塗り固められていったのです。

現在、『安位寺殿御自記』を取り上げる歴史学者もいますが、「奥の地に逃げた」という表現について、「奈良市側から見て奥だから、和歌山の山中だ」などと、私に言わせれば間違った解釈を主張しています。私には、単に間違えているわけではなく、南朝の実態をつかませないように、あえて錯覚するような解釈を入れ混ぜているようにさえ思えます。

しかし、醍醐寺の座主《ざす》であった満済《まんさい》の『満済准后日記《まんさいじゅごうにっき》』に「奥ノ小野寺上洛仕《じょうらくつかまつり》（応永三十四年〔一四二七〕八月十日）」や「奥ノ下国ト南部弓矢ニ（永享《えいきょう》四年〔一四三二〕十月二十一日）」などと書かれていることからもわかるように、「奥」とは陸奥や出羽を指しているのです。

つまり、**自天皇は今の東北地方に逃げ、小野寺氏のもとに身を隠したのです。**

現在、このような背景を知らされていないので、一般的にはいまだに南北朝時代に関する誤解が続いています。このようにして、虚偽の歴史がつくられてきたのです。

最近の事情はわかりませんが、東京大学の史料編纂所においても、この部分だけが数年前までずっと史料として完成しないままでした。

小野寺氏は藤原実頼に始まる小野宮氏を祖とする

長禄元年（一四五七）、出羽に逃げた南主の自天皇（尊秀王）は、吉野の諸記録によれば、このとき十八歳でした。当時、出羽国では千福屋形《せんぷくやかた》小野寺氏が管領《かんれい》・斯波《しば》氏の守護代として強大な支配勢力を誇っていました。

それ以降の歴史について述べる前に、天皇家と出会う前の小野寺氏の歴史を解説しておきましょう。

小野寺氏の誕生は平安時代中期にさかのぼります。

「この世をば我が世とぞ思う望月の欠けたることもなしとおもえば」と詠ったのが、摂政・藤原道長であることはよく知られています。この道長の第六子が藤原長家《ながいえ》（のちの大納言長家）ですが、その子孫に藤原道房《みちふさ》という人物がいます。

この藤原道房は小野宮《おののみや》中納言資信《すけのぶ》の猶子となり、その第《だい》を継いで「小野宮」を家号《やごう》としました。この「小野宮氏」というのは、藤原氏繁栄の基礎をつくり、摂関政治を確立させた摂政関白太政大臣・藤原実頼《さねより》に始まります。

実頼は朝廷・公家・武家に関する古来の行事・法令・制度・風俗習慣などの実践と研究をするための「有職故実《ゆうそくこじつ》」の小野宮流を始めた人です。「小野宮清慎公《せいしんこう》」とも称されました。

その藤原実頼を先祖とする「小野宮」を家号とした藤原道房に、人生を変える大きな出来事が起こります。平治《へいじ》元年（一一五九）十二月、京都で起きた「平治の乱」です。

平治の乱とは、勢力を伸ばしつつあった平清盛を打倒するため、源義朝《よしとも》が藤原信頼《のぶより》と一緒に挙兵した事件です。しかし、最後は義朝・信頼が殺され、源氏は敗北して、平氏の政権が成立します。

この平治の乱において、藤原道房は藤原信頼に味方して敗れました。そこで、仁和寺《にんなじ》で剃髪《ていはつ》、出家し、「小野宮」並びに位階三位にちなんで小野寺大法師義寛《おのでらだいほうしよしひろ》と称しました。

翌年の永暦元年（一一六〇）三月十一日、藤原道房は信頼に加担した罪により下野国《しもつけのくに》（現在の栃木県）に流罪《るざい》となり、仁安元年（一一六六）三月に罪を免じられました。下野国は当時、藤原（田原藤太《たわらのとうだ》）秀郷《ひでさと》の嫡孫《ちゃくそん》である足利散位家綱《さんいいえつな》が押領使《おうりょうし》として治めていました。

押領使とは古代の軍事官職の名称で、押領は引率するという意味です。押領使は兵員を引率して戦場に向かうことを職掌とした政府直属の官職です。もともとは政府直属でしたが、地方の治安の乱れにともなって国衙《こくが》（国司が政務を執った役所で、国府ともいう）にも押領使が設置され、諸国の治安の維持に当たりました。

小野寺入道義寛は家綱の娘婿とされました。この娘の姉婿が新田氏や足利氏の先祖です。なお、義寛公は法号を夜叉院殿七宝義寛大居士《やしゃいんでんしちほうぎかんだいこじ》と称され、鎌倉時代初期の作とされる鎧兜《よろいかぶと》姿の極《ごく》彩色《さいしき》の小座像が小野寺家に伝わっていましたが、三十年ほど前、ある事情で紛失しています。小野寺の先祖が戦陣に向かうときには必ずこの像を先陣させたと伝えられています。

鎌倉中期、小野寺左衛門尉秀道は出羽国千福地方も治めた

やがて、領主である足利散位家綱の娘を小野寺入道義寛は妻としてもらい、誕生したのが『平家物語』などでも有名な小野寺禅師太郎《ぜんじたろう》中務丞《なかつかさしょう》道綱です。平安時代末期の治承四年（一一八〇）から元暦二年（一一八五）にかけて、「治承《じしょう》・寿永《じゅえい》の乱」が起こります。これは、平清盛を中心とする平氏政権に対する大規模な反乱です。

この乱が、平氏政権の崩壊と、源頼朝を中心とした鎌倉幕府の樹立につながります。

小野寺禅師太郎道綱は寿永の合戦で源頼朝に加勢して以来、平家討伐に数々の武功を立てました。特に、治承・寿永の乱以降の文治五年（一一八九）の平泉攻めでは、大河兼任《おおかわかねとう》の兵を討つなどの戦功を挙げ、源頼朝より「奥州新田郡（現在の宮城県内の一部）」の地頭職《じとうしき》を拝領しました。

地頭職とは全国の荘園・公領の管理、租税徴収、刑事事件の審理、判決を下すなどの権限を持った職を指します。そのような経緯から、小野寺禅師太郎道綱の子孫は「新田小野寺殿」、あるいは「新田殿」と呼ばれるようになりました。

こうして小野寺氏は鎌倉初期において、「下野小野寺氏」（栃木県南部）、「新田小野寺氏」（宮城県北部）、「稲庭《いなにわ》小野寺氏」（秋田県南部）と勢力を広げていきます。

妙本寺本『曽我物語』第六巻の記録からも、鎌倉幕府における小野寺氏の勢力をうかがい知ることができます。

建久四年（一一九三）、源頼朝は牧狩《まきが》りのため、諸国の大名に駿河まで動員を命じました。牧狩りとは巻狩りとも書き、鹿や猪《いのしし》などが生息する場所を多人数で取り囲み、獲物を追いつめて射止める神事祭礼や軍事訓練のための狩猟のことです。

駿河に近い地を治めている大名でさえ、牧狩りに動員した勢子《せこ》は五十人程度でしたが、小野寺氏は五百人もの兵を率いて参加しています。

また建治元年（一二七五）五月の京都六条八幡宮造営費用の負担においては、小野寺氏は五十七番目と五十八番目に記載されており、小野寺左衛門《さえもん》入道（秀道）跡は三十貫、小野寺中務丞跡は八貫とあります。小野寺左衛門入道跡の三十貫の負担は執権北条相模守時宗の五百貫を筆頭にして三十二番目の高額負担者です。

鎌倉幕府では、小野寺氏の子孫は代々、左衛門大夫《さえもんのたいふ》を経て国守に任官されました。左衛門は宮城諸門の警衛などをつかさどる「左衛門府《さえもんのふ》」の判官であり、官位では大夫の称号で、五位という位でした。

ちなみに、官位の五位と六位では大きな違いがありました。五位以上になると殿中に昇れるようになり、殿上人《てんじょうびと》と呼ばれます。しかし六位以下は当時、「地下《じげ》」と呼ばれ、どちらかといえば尊重されない立場にありました。国には大国・上国・中国・下国がありましたが、国守には一般的には五位以上でなければ任命されません。

小野寺禅師太郎の子孫は将軍の供奉随兵役《ぐぶずいへいやく》を務め、幕府では殿中に詰めて将軍御所の警固に当たる「将軍廂番衆《ひさしばんしゅう》」を代々務めています。将軍廂番衆とは、京都御所の廂番制度を幕府でも採り入れたものであり、御所に交替で宿直して将軍を護衛する役職を指します。

左衛門大夫の中には六位官の左衛門尉《さえもんのじょう》を名乗る者もいましたが、位署書《いしょがき》（官位を連ねて記す書式）では、位が貴くても官職が賤《いや》しい場合、官職の上に行の字を書き加えて表しました。小野寺氏は、初代の道房が三位の位階を有したことから、その子孫も一階級上の官職あるいは官

【藤原道長から小野寺家につながる系図】

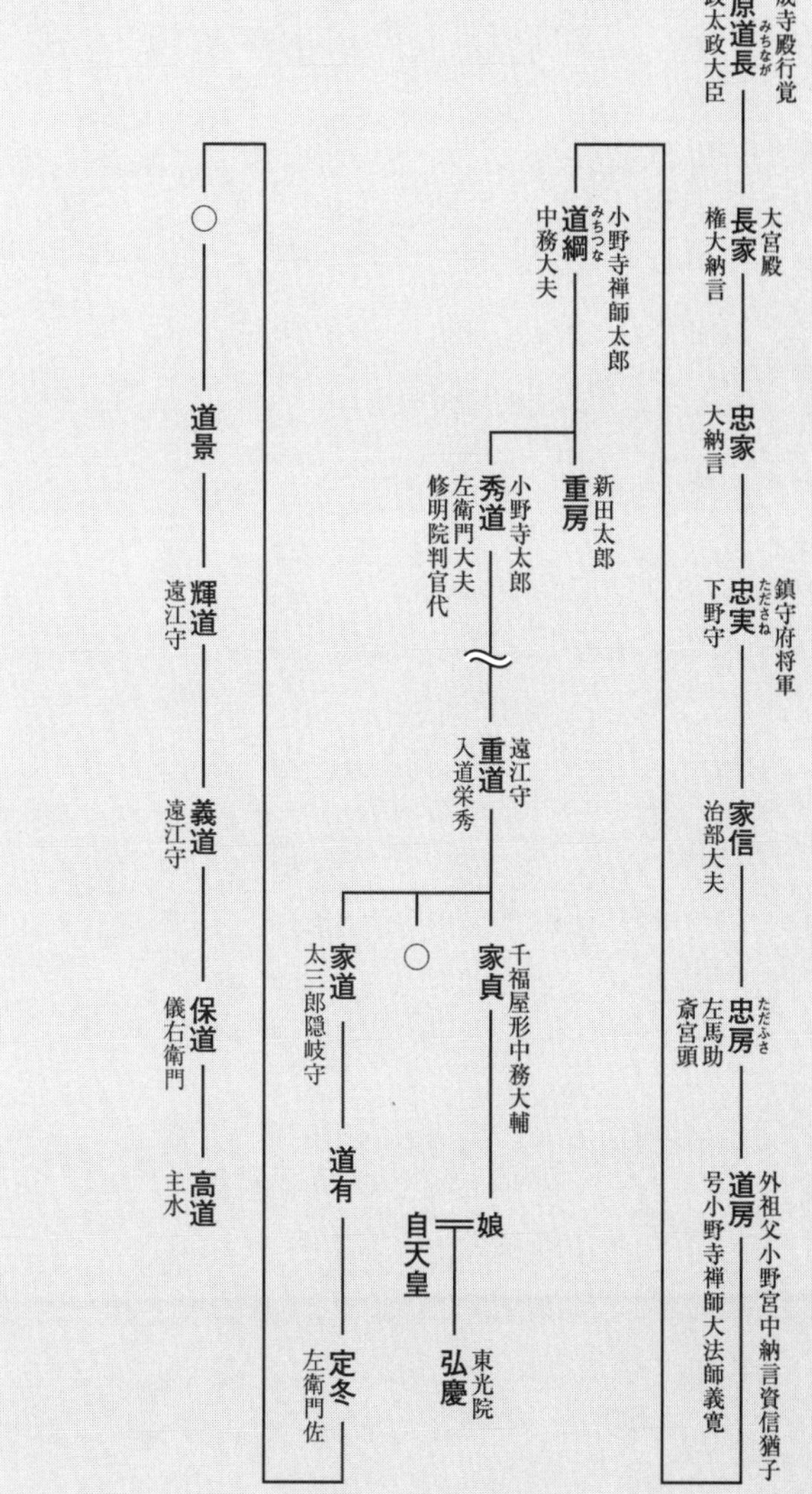

位を得て前述の役職に就いていたので、五位の大夫の扱いを受けていたようです。

鎌倉幕府の中期には、幕府の重臣であった道綱の弟、小野寺左衛門尉秀道が出羽国千福地方も合わせて治めるようになりました。これにより、**小野寺氏（栃木県）は奥羽の地に大きな力を持ち、のちに「千福小野寺殿」とも「千福殿」とも呼ばれるようになりました。**

なお、出羽国千福地方とは、出羽の穀倉地帯である秋田県雄物川《おものがわ》流域であり、現在の雄勝《おがつ》（県南部）・平鹿《ひらか》（県東南部）・仙北《せんぼく》（県中南部）地方を指します。

鎌倉幕府開府以来、梶原氏や三浦氏、和田氏、畠山氏、安達《あだち》氏など、多くの有力御家人《ごけにん》が没落の憂き目に遭いましたが、小野寺氏は勢力を鎌倉幕府八十年間にわたって維持します。

室町時代と呼ばれる時期には出羽の地に戦国大名として栄える礎《いしずえ》を蓄えていったのです。

山名宗全に擁立され南天皇として即位した自天皇の皇子

前述した南朝天皇の話に戻ります。

長禄元年（一四五七）、小野寺氏は「雄勝屋形《おがつやかた》」を名乗り、出羽を治めていました。そこに、赤松残党に襲われた南主の自天皇が逃げてきました。自天皇は当時、十八歳でした。

自天皇はこの地を治めていた雄勝屋形の当主・小野寺中務少輔家貞《なかつかさしょうふいえさだ》の娘を娶《めと》り、小野寺氏の援助を得て雄勝・平鹿・仙北を中心としてその四隣を平定し、その勢力は蝦夷の地にまで及ん

だといわれ、出羽王と呼ばれました。これ以降、国体の正統皇は代々、千福屋形、小野寺氏一党に奉《まつ》られて戦国期、安土桃山期、江戸期を経て現代に至っています。

応仁元年（一四六七）から文明九年（一四七七）にかけて、応仁の乱が起こります。武衛家の跡継ぎ争いがからんで、細川勝元と山名宗全《やまなそうぜん》（持豊《もちとよ》）の対立により起きた内乱です。

しかし、その裏にはもっと複雑な事情がありました。

現代の歴史書では足利尊氏を「将軍」と呼んでいますが、正確には足利家は「公方家《くぼうけ》」と呼ばれ、政体府北朝の「右大臣」「左大臣」と呼ばれる階級に当たります。その下で軍政を任されていたのが、「三管領《かんれい》」と呼ばれる武衛家です。

その筆頭が当時、巨大な支配勢力を持っていた足利氏と同族の斯波《しば》氏であり、斯波氏を治める人物こそが「将軍」と呼ばれていたのです。

小野寺遠江守重道《とおとうみのかみしげみち》の長男、中務大夫家貞《いえさだ》は「千福殿」と呼ばれ、最初は斯波家（武衛家）において執政六家の筆頭的立場にありました。その重道の三男が隠岐守家道《おきのかみいえみち》です。

享徳《きょうとく》元年（一四五二）、斯波義健《よしたけ》が薨去《こうきょ》（諸侯・皇族などが没したときに使う言葉）すると、養子の義敏《よしとし》と義廉《よしかど》がその家督をめぐって対立し、千福屋形は義廉を立てました。家督権争いは複雑な経過を経て応仁の乱（一四六七年）へとつながっていきます。

応仁の乱で西陣において南主を奉戴《ほうたい》した大将が山名宗全《やまなそうぜん》です。山名宗全の娘が義廉の夫人であり、義廉も応仁の乱には西軍側に加わっていますから、すでに千福屋形における南主奉戴は享徳時代には定まっていたと考えられます。

応仁の乱は京都で始まりましたが、のちに諸国の大名などを巻き込んで、細川勝元（東軍）と山名宗全（西軍）に分かれた争いは全国に発展していきました。

小野寺中務少輔家貞（のちの中務大輔家貞）の娘を母として誕生した自天皇の皇子は、このとき山名宗全に擁立され、文明五年（一四七三）に入洛《にゅうらく》。西陣において国体南《なん》天皇（東光院）として即位しました。

その後、西軍の総大将である山名宗全、東軍の総大将である細川勝元が相次いで病に倒れ、両軍の軍勢は自然に四散していきました。

南天皇は千福小野寺氏とともに、越前に逃れ、越前で東軍についた朝倉孝景《たかかげ》、氏景《うじかげ》勢と戦いましたが、文明六年（一四七四）五月十五日、桶田《おけた》・波着《はちゃく》・岡保《おかぼ》（いずれも現在の福井県内）の合戦で、小野寺中務少輔は崩河《くずれがわ》（福井県と岐阜県の県境にある、現在の九頭竜川）で生害《しょうがい》（自害）しました。

南天皇はその後、出羽国に帰還しました。

文明十一年（一四七九）に南天皇と父親の太上天皇（自天皇）は再度、出羽の地より京都に赴くため、北陸道に兵を進めます。室町時代に官務職をしていた壬生晴富《みぶはるとみ》の日記、『晴富宿禰《すくね》記《き》』の記録にもあるように、自天皇はこの年、四十歳になっていました。

しかし、従った軍勢は長征の途中で四散してしまい、王政復古の望みはかないませんでした。

自天皇父子は山城国《やましろのくに》、男山《おとこやま》八幡の田中庄《たなかのしょう》にとどまりながら、世をうかがっていましたが、自天皇は失意のうちに亡くなり、八幡の神応寺《じんのうじ》山内に葬られました。

その後、男山八幡に南主の廷臣《ていしん》である北畠政郷《きたばたけまささと》が参詣します。

北畠氏は村上天皇に源を発し、天皇の孫、師房王《もろふさおう》が源朝臣《みなもとのあそん》という姓《かばね》を賜り、その孫・源雅実《まさざね》は久我《くが》を号します。また雅実より六代の師親《もろちか》は北畠とも称しました。

以来、『神皇正統記』などで著名な准三后《じゅんさんごう》親房《ちかふさ》や鎮守府《ちんじゅふ》将軍となった北畠顕家《あきいえ》をはじめ、多数の廷臣を輩出し、長く伊勢地方を支配した名族で、北畠顕信《あきのぶ》と顕能《あきよし》の流れを受けた北畠政郷は、自らの権力の後ろ盾として南天皇の擁立に動きます。

まもなく、南天皇は北畠政郷が国司を務める伊勢に都を移しました。

その頃、北畠家は木造《こづくり》、坂内《さかない》、大河内《おおこうち》の三家に分裂し、本流である北畠政郷の曽孫である北畠具教《とものり》が伊勢国司北畠氏第八代当主となりました。

織田信長は南朝天皇を擁立していた

信長の妹、お市は江州《ごうしゅう》（滋賀県）小谷《おだに》城主・浅井長政に嫁いで、淀《よど》（豊臣秀吉夫人）・お末《すえ》（徳川秀忠夫人）を生みました。

ちなみに、浅井氏は正親町三条《おおぎまちさんじょう》家（嵯峨家）の支族で、本姓は藤原氏です。北朝政体府が主流の京都に公家として居を構えていました。
藤原公季《きんすえ》（閑院《かんいん》太政大臣）を祖とした正親町三条実雅《さねまさ》（内大臣）の子の正親町三条公治《きんはる》（権大納言《ごんだいなごん》）が、南主天皇のそばに仕えたことから、文明四年（一四七二）、北朝政体府より江州浅井郡（滋賀県）に配所（罪を問われて流されること）になったとされます。その後、武家となり、その地名を採って「浅井」を称しています。

つまり、浅井氏は国体の皇、南主支持の一党なのです。

南主を擁立してきた北畠氏の家督と国司の座を奪い、また南主と深い関わりのある浅井氏と親戚関係を持つことで、織田信長は南朝天皇との結びつきを強めていきます。もともと織田氏は斯波氏の尾張守護代で、信長は千福屋形とは長く同盟関係にあった織田本家の分家のさらに分家という立場でした。

信長は自分より身分が上位の織田本家を全部滅ぼしてしまい、自分が本家となったのです。そのような歴史的背景から、信長は千福屋形と国体（南朝）天皇の関係もよく知っていたわけです。

明治政体天皇が明治十六年（一八八三）にまとめさせた『大政紀要』には、
「以テ人心皇室ヲ思フノ已《ヤ》ムコト無キヲ観ル可シ」
の文に継いで、
「爾後織田氏王事ニ勤《ツトメ》テヨリ」

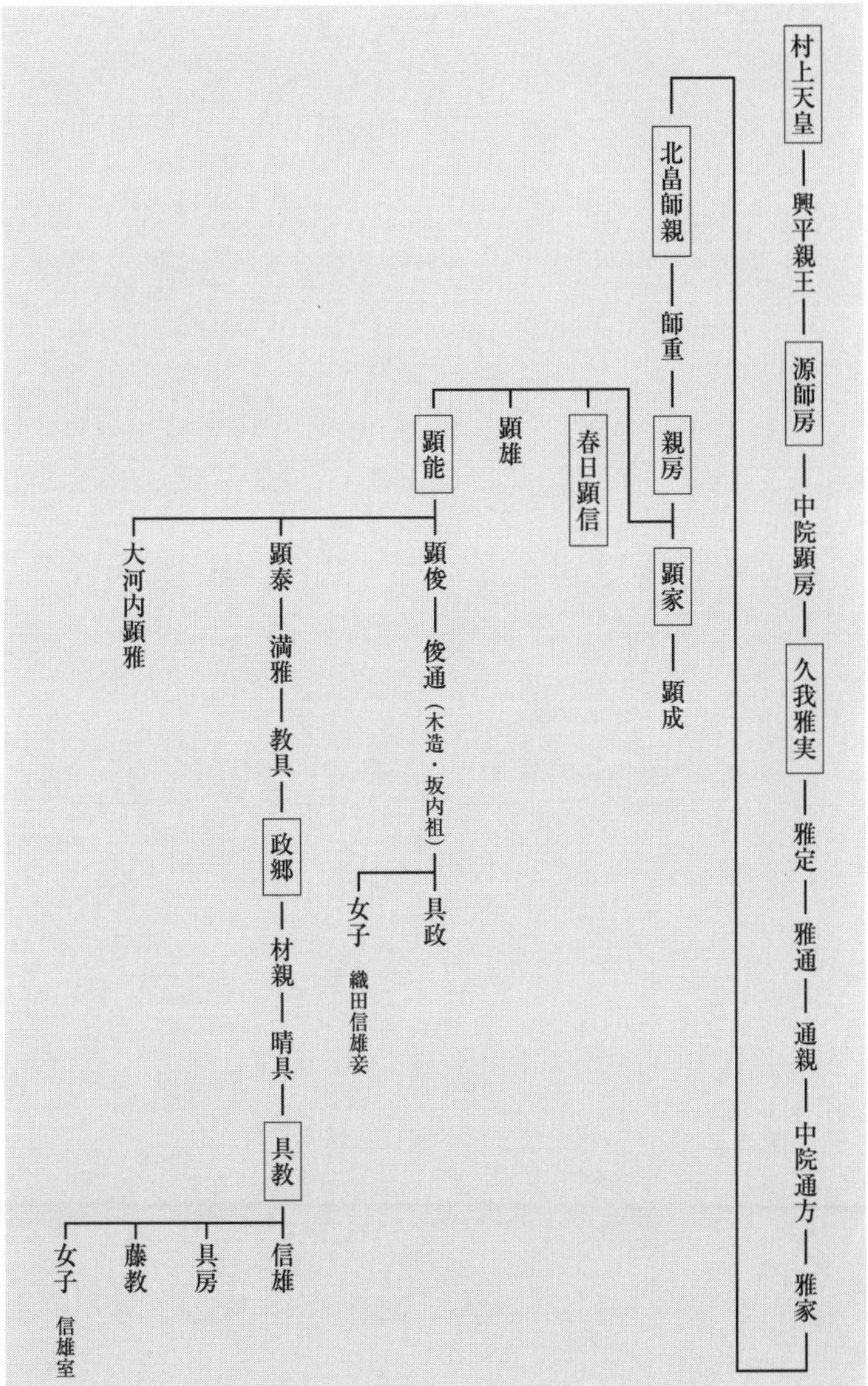
村上天皇
興平親王
源師房
中院顕房
久我雅実
雅定
雅通
通親
中院通方
雅家
北畠師親
師重
親房
顕家
顕成
春日顕信
顕雄
顕能
顕俊
俊通（木造・坂内祖）
具政
女子
織田信雄妾
顕泰
満雅
教具
政郷
材親
晴具
具教
信雄
具房
藤教
女子
信雄室
大河内顕雅

という文が示されています。つまり、「皇室を常に思い、天皇に謀反心を持たない。織田氏は天皇のために勤めている」という意味です。

明治政体府からすれば、「織田氏は持明院統（北朝）天皇を擁立していた」としたいのでしょう。しかし、**「織田氏の天皇擁立は南朝で行われていた」というのが実態です。**

なぜかといえば、男山八幡の田中庄より国体の正統皇を伊勢に奉迎した北畠政郷の曽孫である具教の養嗣子となったのは織田信長の次男、内大臣信雄《のぶかつ》です。信雄は明智光秀の乱で安土城より伊勢に落ち延びた南主一行を丁重にもてなしたという記録が残っているからです。

その内容については後述するとして、まずは千福屋形と織田氏の歴史を振り返ってみましょう。

宝永三年（一七〇六）に編纂された『重編《じゅうへん》応仁記』第四の表題、「朝倉弾正忠《あさくらだんじょうのちゅう》降参事同畠山能登守護参御方事」のくだりには、以下のような記述があります。

前述したように、斯波氏の斯波義健が亡くなり、養子の義敏と義廉がその家督をめぐって対立し、千福屋形は義廉を立てました。家督権争いは複雑な経過を経て応仁の乱（一四六七年）へとつながったわけですが、下記は義廉側についた執政六家のうちの増沢氏・千福氏・二宮氏が敗れたときの記録です。

「主君（斯波）義廉は尾張へ下国し、その留主を幸いとし、一方の主筋、斯波義敏《よしとし》に招かれて御所方（政体）と成り、陪臣忽昵近《たちまちじっこん》の臣に列して、越国を拝領し、御敵（国体側）退治の公命を蒙《こうむ》り畢《おわ》ぬ。因レ茲《ここに》（朝倉）敏景《としかげ》・氏景《うじかげ》急ぎ越前に下向せしめ、先づ義敏（政体側）の怨敵、増沢《ますざわ》甲斐守《かいのかみ》祐徳《すけのり》、千福中務丞、二宮左近《さこん》等を討捕。彼等は皆、敏景が同僚にて斯波義廉の長臣……（以下略）」

ここに示されている国体側の千福中務丞の末裔が、千福遠江守です。足利氏の場合、同じ人物が肩入れする勢力を変えることが多く、そのたびに「昨日の味方が今日の敵」というような事態を招き、そのために敵対勢力も翻弄され、混乱が起きていました。

織田氏との関係は『続応仁後記』第九「織田信長武功出身由来事」に、

「抑《そもそも》織田上総介《かずさのすけ》信長と云人《いうひと》は元来公方家（足利氏）には陪臣にて、武衛（斯波氏）の家長とし尾州《びしゅう》の産士《さんし》也。昔日、康永《こうえい》年中（南北朝時代と通説で呼ばれる時代に、北朝で使用した元号。一三四二～一三四五）の管領斯波治部大輔《しばじぶのたいふ》源義将《よしゆき》威勢有る人にて、洛陽ノ勘解由《かげゆ》小路ノ武衛陣の宅地を賜る。斯《ここ》を以て其称号を武衛家と云ふ。越前・尾張両国を領する故に、其政事繁《そのせいじしげく》して六人の家長あり。所謂《いわゆる》、細川出羽守《でわのかみ》、鹿草兵庫助《ししくさひょうごのすけ》、二宮信濃守、朝倉弾正左衛門《あさくらだんじょうざえもん》、千福中務丞、増沢甲斐守是也。其後の武衛の世に細川出羽守公方家の昵近となるが、故に、其跡に織田の某と云う者を家長とす。是は元来、越前国織田の庄、明神の社人の子なれ共《ども》、神職の身ながら文武の道暗からざる故、武衛是を取立て家長に補し尾州に産置《さしおく》」

とあります。これはつまり、「織田上総介信長は斯波氏の家長として、尾州の武士である。そこには本家細川出羽守、鹿草兵庫助、二宮信濃守、朝倉弾正左衛門、千福中務丞、増沢甲斐守という六人の家長がいる。織田家はもともとは越前国（福井県丹生地方）の神官だったが、文武に長けているため、斯波氏が取り立て、家長として尾州（尾張国）を治めさせた」という意味であり、千福屋形が従前、織田氏の上位にあったことを示しています。

信長は「千福遠江守」をオモテに立て、ウラに南朝天皇の鎮座を暗示

織田信長から出された天正元年（一五七三）と思われる黒印状《こくいんじょう》（墨で押印して発給した文書）に次のようにあります。

「背腸《みなわた》　五桶到来候、遠《えん》路《ろ》懇情《こんじょう》別而《べっして》悦入《よろこびいり》候《そうろう》。猶矢部善七郎可申候也《もうすべくそうろうなり》。

六月七日　　（信長黒印）

千福遠江守　殿」

「五つの桶に入った海鼠腸《このわた》（ナマコの腸《はらわた》の塩辛）を越前国から尾張国まで遠路はるばる届けていただき、ありがとう。このお礼は矢部善七郎に申し付けておきます」という内容です。矢部善七郎とは、信長側近の矢部定政《さだまさ》であり、のちに豊臣秀吉に仕え、一万石を与えられた人物です（封地は不明）。

天正元年（一五七三）、千福屋形の小野寺弥七郎遠江守道元は国体皇、南主を奉じて織田氏に加勢しました。そして、福井県武生《たけふ》市（現在は合併により越前市）にある千福地方や妙法寺地方を含んで、越前の本領五万石の支配が織田氏に承認されています。

同年、八月付の信長の朱印状にはこうあります。

「禁制、別印村《べついんむら》千福知行《ちぎょう》方
一、濫妨《らんぼう》狼藉之事
一、陣取《じんとり》放火之事
一、伐採竹木《ちくぼく》之事
天正元年八月　日　（信長朱印）」

これは千福氏が知行（所領支配）していた別印村に対する、信長からの安堵状《あんどじょう》です。安堵状とは主人が家臣の所領の知行を確認（安堵）した文書であり、これによって家臣は法律上の保護を受けることができ、戦火を免れることができました。

これらの文書により、かつて織田氏の上位にあった千福屋形の立場が逆転し、織田氏の配下となったことが確認できます。文書には「乱暴狼藉、陣地を奪う、放火する、樹木を勝手に伐採する行為を禁ずる」と書かれています。

別印村とは越前の月尾谷《つきおだに》の谷奥地方（福井県今立郡《いまだて》今立町別印《べついん》）にあり、慶長三年（一五九八）の別印の検地では「村高七十七・五九三石」とあります。月尾谷全体の総石高は千百三十六石ほどになります。

『信長記巻第十五之上』「惟任日向守謀叛事《これとうひゅうがのかみ》」に、

「安土城二の丸御番には蒲生右兵衛門大夫《うえもんのたいふ》（賢秀《かたひで》）、森次郎左衛門尉《さえもんのじょう》、雲林院出羽守《うじいんでわのかみ》、鳴海助右衛門尉《なるみすけえもんのじょう》、祖父江五郎右衛門尉《そぶえごろうえもんのじょう》、佐久間与六郎《よろくろう》、箕浦次郎右衛門尉《みのうらじろうえもんのじょう》、福田三河守《ふくだみかわのかみ》、千福遠江守、前波弥五郎《まえなみやごろう》、山岡対馬守《つしまのかみ》等……（以下略）」

とあります。

惟任日向守とは、信長の直臣となってからの明智光秀のことです。

この安土城の二の丸御殿は、信長が国体（南朝）天皇の居住の御所として建立《こんりゅう》し、国体（南朝）天皇は信長に招かれて一時居住しました。二の丸御番の顔ぶれを見ても、信長のいる本丸よりも、天皇が居住する二の丸の方が警備は厳重であることがわかります。

ちなみに、平成十一年（一九九九）になって、安土城本丸跡（滋賀県近江八幡市）から、清涼殿《せいりょうでん》と同じ遺構が発見されています。清涼殿は京都御所の中にあり、平安時代中期に天皇の御殿として行事や儀式の場にも使われていえます。これと同じ建造物が安土城から出てきたことから、国体（南朝）天皇の存在が証明されたことになります。

当時、信長が、政体（北朝）天皇を相手にしていなかったのは、「国体南朝天皇」を掲げていたからです。ただし幕府との関係上、「千福遠江守」という存在を表に立てて、その裏に国体南朝天皇が鎮座しているという事実を暗に示したのでしょう。

しかし、明智光秀が起こした本能寺の変によって信長は生害《しょうがい》してしまいます。

国体南朝天皇は千福屋形に奉載され、ともに伊勢に御所を戻します。

このとき伊勢には、北畠氏の家督と国司の座を譲り受けた北畠内大臣信雄《のぶかつ》がいました。前述した信長の次男・織田信雄です。

信雄はそのときの状況を、堀久太郎《ほりきゅうたろう》（堀秀政《ひでまさ》）へ宛てた御状に記しています。堀久太郎は信長側近の武将として、近江長浜城主にもなった人物です。本能寺の変後、秀吉とともに山崎の合戦で明智光秀を討ってのち、越後春日山四十五万石支配の大名となりました。

「猶々可然様偏頼いり候以上

仙福事、今度安土不慮より勢州へ相越《あいこし》、一段諸事其砌《そのみぎり》、精を入候つる間、只今至て雖二召置候一《めしおきそうろうといえども》、其地へ相越之由候條、本知之無二別儀一之様被馳走、若君（織田秀信）様へ奉公候様二各年寄中被相談偏頼入候《ひとえにたのみいりそうろう》一、期二後音《こうおん》一候、恐々謹言《きょうきょうきんげん》、

三介

信雄（花押）

八月十五日

堀久太郎殿まいる」

ここに書かれている文面は、要は信長の孫で織田家の家督とみなされていた岐阜中納言・織田秀信に「彼らを絶対に離してはいけない」と言っているわけです。このときの状況を見てみると、安土城を襲われて千福屋形は逃げ出しています。

普通なら、主君から留守を預かっている城を放り投げて逃げているのですから、重罪に当たります。ところが、信雄はその千福屋形を責めるどころか、擁護して守るようにと言っているのです。つまり、「千福屋形は南天皇を守るために逃げた」ということなのです。

戦国時代に「輝道」が養子に、義道の時代に関ヶ原の合戦

伊勢で七年の歳月を過ごした南天皇（東光院／後招慶院）は、北条早雲《そううん》（伊勢長氏《ながうじ》）らを率

いて伊勢から駿河国駿東郡阿野庄に移りました。その時期は南朝の明応十八年（＝北朝の文明十八年、西暦一四八六年）に当たります。

年号がずれているのは、南朝の「明応」年号の使用は西暦一四六九年十一月二十一日に始まり、北朝では西暦一四九二年七月十九日に始まっているためです。

甲斐国の河口湖地方に伝わる年代記である『阿野御所勝山記《あのごしょかつやまき》』の明応年号とは違っていますが、小野寺氏に伝わる『小野寺譜』の明応年号の成立過程から推定すると、『阿野御所勝山記』では南朝暦の明応十八年を転写するときに数字が誤脱したものと考えられます。

阿野庄は後醍醐天皇の皇后である新待賢門院《しんたいけんもんいん》阿野廉子《あのやすこ》の名字の由来となった地です。ここはもともと、源頼朝の弟、阿野禅司《あのぜんじ》の舘《やかた》だったので、「御舘《みたて》」と呼ばれました。

御舘は守りに有利な地形で、富士沼に浮島のように突き出ていたことから、「御島《みしま》舘」「浮島舘」ともいわれました。御島舘に入った南天皇は廷臣の北条早雲に擁立され、のちに相州《そうしゅう》小田原の地に移ってから崩御し、小田原市早川の海蔵寺《かいぞうじ》山内に葬られています。

約百年の時を経て天正十八年（一五九〇）、豊臣秀吉の天下となり、南朝天皇を擁立し続けた千福屋形・小野寺弥七郎道元は三万石、その分流である羽州の小野寺孫十郎義道の支配所領は秀吉によって仙北一揆の責任を取らされ、三分の二減歩の三万千六百石と認定されました。

戦国時代末期には、千福屋形の分流、出羽小野寺氏の当主・道景には継子がなく、そこで相模にいた南主（興国院）から輝道《てるみち》が養子に行きました。輝道は慶長二年（一五九七）十月二十一日に卒し、「西法寺殿天仙宗真大居士」と号されました。その子・義道の時代に起きたのが、慶長五年（一六〇〇）の関ヶ原の戦いです。

当時、東北地方で最大の勢力を誇っていた上杉氏と戦って滅ぼされることを恐れた東北の諸大名は、上杉氏との対立を恐れ、出羽の横手城に在った千北屋形を攻めました。

そのために、千北屋形は関ヶ原の戦いに参加できなくなりました。その結果、徳川家康によって横手三万一千六百石は除封《じょほう》（身分を剥奪されて、所領や城、屋敷を没収されること。改易《かいえき》ともいう）になったのです。

そのような事情のなか、石州（現・島根県）津和野の亀井氏に預けられた遠江守義道は、自分の次男である、出羽の神尾に残った保道《やすみち》に先祖の系図をつくらせました。それを証明する当時の資料が某所に残っていますが、その文書によれば、「義道は自分の父、輝道以前の先祖についてはよくわからないので、昔の家臣団がいたら彼らに聞きなさい。いなければ仕方がないので、勝手につくりなさい」と指示しています。

その結果、保道は祖父である、輝道以前の関係がわからないまま、先祖を勝手に想像してつないだ家系図をつくってしまいました。それが、『秋田県史』『岩手県史』『宮城県史』『栃木県史』などに収録されている『小野寺譜』です。ですから、この『小野寺譜』には根拠がないわけです。この保道がのちに山内と号し、その裔孫が知徳院の実子、浄光院の夫人となるのです。

当然ながら、私の所持する小野寺の『家譜』はこの『小野寺譜』とはまったく異なっていました。

日目上人が後醍醐以降の天皇に、日蓮の悲願「王佛冥合」を伝えた

日本の八百万《やおよろず》の神々はさまざまな仏が化身として日本の地に現れたとする考え方を「本地垂迹説《ほんじすいじゃくせつ》」といいます。

南朝初代の後醍醐天皇は生前、もっぱら天照大神の垂迹と称されている大日如来を本尊とした真言密教によって、世の中を穏やかに治めようと考えていました。

しかし、結局のところ、それはうまくいきませんでした。

そこで、崩御の際に安座して、左手に法華経第五の巻（大乗仏教の経典）を握り、「君臣心を一つにし、正しい法華の教えに従って日本を太平にせよ」

というメッセージを遺しました。

ここで語られた「法華の教え」とは「王は正法を立てて国を安んずべき」という日蓮大聖人の『立正安国論』の思想に近いものでした。まさに日蓮聖人が主張した「王佛冥合《おうぶつみょうごう》」による立正安国です。

では、なぜ後醍醐天皇は崩御の間際になって、真言密教を捨て、自分の皇子である護良親王《もりよし》がかつて座主を務めた比叡山延暦寺の天台法華ならまだしも、日蓮大聖人の法華に鞍替えした

のでしょうか。

後醍醐天皇は、生涯を通じて信仰してきた真言密教が招いた加持祈祷の現実が、まさに日蓮の予言する真言亡国《しんごんぼうこく》そのものだったと認識したのです。真言亡国とは、日蓮がほかの仏教宗派を批判した「四箇格言《しかかくげん》」のうちの一つで、「法華経を根本として信仰しなければ国が滅ぶ」という考え方です。

後醍醐天皇が日蓮聖人の教えを知るに至った経緯は日蓮の弟子、日目《にちもく》上人の布教活動にあります。

日蓮聖人には俗に「本弟子」と称される六人をはじめ、多くの弟子たちがいました。その中でただ一人、「如来滅後五五百歳始観心本尊《にょらいめつごごごひゃくさいしかんじんほんぞん》」の血脈相承を受けた日目上人の生家は「新田小野寺氏」であり、その俗称は「(新田)小野寺五郎」です。

日目は「蓮蔵房《れんぞうぼう》」の交名《きょうみょう》(連筆名)を日蓮大聖人から賜り、大聖人からその後継者として、大聖人の魂魄《こんぱく》(魂)である「本因妙大本尊」を信託されました。

この日目上人が、後醍醐天皇の朝廷に日蓮大聖人の『立正安国論』という書物とともに日蓮大聖人の思想を上奏《じょうそう》(意見・事情などを天皇に申し上げること)したのです。この上奏は日目上人の生家・新田小野寺家の援助によるものであったことは、日興《にっこう》上人の筆による大曼荼羅《だいまんだら》から推測できます。

というのも、京都・要法寺《ようぼうじ》蔵の元亨四年(一三二四)十二月五日、日興上人筆の大曼荼羅に

「皇門御家人新田孫五郎通章に之を授与す」とあるからです。

また、宮城県若柳町・妙教寺蔵の元亨四年十二月五日の日興上人筆大曼荼羅には「奥州御家人新田三郎五郎行道に之を授与す」とあります。

日蓮が悲願としたのが「王佛冥合」、つまり、法華経の教えが王政の指導原理となることでした。

上奏に対して後醍醐天皇から左のごとき綸旨《りんじ》が下されました。

勅願之旨被仰下訖奉祈爾四海泰平
可抽精誠者天気如悉之謹状
嘉暦三年（一三二八）十一月廿一日
左中辨長光奉
弁御房

弁御房とは日目上人の甥で日目上人の跡を継いだ小野寺日道《にちどう》上人のことです。

日目上人が後醍醐天皇に上奏しこのような勅宣《ちょくせん》を受けたことは、国家により国家宗教として認められたということです。すなわち正統皇統である南朝における「王佛冥合」は実現したという重要な意味を持つのです。

ゆえに、現在、富士山本門寺が存在するのです。

家光派と忠長派の争い、小野寺の屋敷も正統大石寺も焼失

慶長五年（一六〇〇）、関ヶ原の戦いで豊臣方に加わったとされた千福屋形は大名としての身分を剥奪され、所領と城、屋敷を没収されてしまいます。とはいえ、千福屋形の一族は加賀の前田家に三千石で召しかかえられた者をはじめ、仙台伊達氏、駿河大納言家、幕府に旗本として召しかかえられた者がいました。

そのほか、小野寺喜兵衛がその後、「鮫屋《さめや》」と名乗り、「糸割符年寄《いとわっぷどしより》」となります。

そもそも糸割符貿易とは何か。かつて戦国時代から安土桃山時代にかけて、「八幡船《ばはんせん》」と呼ばれた海賊船の取り締まりが行われていました。これがもとで始まった明朝との割符貿易が江戸幕府に引き継がれます。

そこで江戸幕府が特定の人に独占的に日本国内への輸入と卸売りの権利を与えたものが糸割符貿易で、最初は四人しか認められていませんでした。

江戸幕府はポルトガル船による日本貿易の独占を統制するために、慶長九年（一六〇四）、堺・京都・長崎の主要な者を糸割符年寄に任命して、主要輸入品である白糸貿易を始めました。この糸割符年寄を核として、富裕な町人層による仲間が組織されました。

糸割符年寄は明との交易を独占的に支配して、莫大な利益を蓄えるようになります。「千福小野寺氏」の鮫屋はそのうちの一者で、莫大な富が得られたのです。

また、小野寺氏本流の小野寺刑部《ぎょうぶ》大輔《たいふ》道白《みちきよ》は徳川幕府に召され、元和九年（一六二三）、駿河大納言（徳川忠長《ただなが》）付宿老《づきしゅくろう》となります。宿老とは組織の重要な地位につく、中心的人物を指します。

このときの**南主天皇は諦眞法王《ていしん》（大宣院）と号していました。**

小野寺刑部大輔道白は、かつて鎌倉期に支配した駿東《すんとう》の地を再度、駿河大納言から領することになり、富士の高橋（静岡県富士市）に屋敷を築き、高橋桂之助とも称しました。しかし、徳川幕府の竹千代（家光）派と国千代（忠長）派による次期徳川三代将軍の座をめぐる争いが起きます。争いは春日局《かすがのつぼね》による家康への直訴により、竹千代派の勝利となり、忠長は若くして自刃します。

一連の事件の責任を幕府に問われた小野寺刑部大輔道白は出家し、入道常諦《じょうたい》と名乗ります。その後、寛永十九年（一六四二）に秋田に流罪とされ、秋田藩の佐竹氏預かりとなり、翌年に、幽閉の地、湯沢で逝去します。

この事件との関連で、小野寺刑部大輔道白の屋敷と、王佛冥合の主張を継承してきた正統大《たい》石寺《せきじ》（現在の富士市依田原《よだはら》）は寛永八年（一六三一）にすべて焼かれてしまいました。

徳川幕府では新寺《しんじ》（新しい寺をつくること）、引寺《いんじ》（新たに寺をつくり、ほかの地にあった寺の名前だけをつけること。寺の移転）を禁止していましたが、敬台院の働きかけによって、将軍の直接決済となり、大石寺は富士宮の地に建立されます。その実態はほぼ引寺と言っていいでしょう。

敬台院とは東照宮家康の嫡男・岡崎信康の娘が小笠原秀政に嫁し、出生した長女でした。敬台院は徳川家康の養女となり、慶長五年（一六〇〇）に九歳で阿波国徳島藩主・蜂須賀至鎮《はちすかよししげ》に嫁ぎ、蜂須賀家の菩提所として富士宮に大石寺を建立しました。

ちなみに、幕府が新寺・引寺を禁止していた理由は、寺が増えると税収が見込めなくなるからです。石高は、住民が田畑として使おうが、住居として使おうが関係なく、その土地の広さを田に換算して、どれだけの米が収穫できるかで決められていました。広さと耕作地としての質に対して課税するわけです。しかし、寺が建ってしまうと、非課税となり、実態としての税収が確保できなくなります。

本来の正統大石寺の跡を継承したのは、王佛冥合ゆえに三超院《さんちょういん》（日秀《にっしゅう》）と号した南主法皇でした。日秀法皇は小野寺一族と大石寺本門宗徒に擁立され、駿東の富士大石寺（現在の富士市依田原字大石寺）の地にとどまりました。三超院法皇はその後、宝永三年（一七〇六）八月一日、崩御されました。

「三超」とは天・地・人を貫く「王」という意味であり、三超院法皇は正統皇の自負のもとに、不受不施《ふじゅふせ》を貫きました。一般的に不受不施とは「寺や僧侶が他宗からの布施供養を受けず、他宗の寺社や僧侶に日蓮宗の信者は布施供養をしない」と解釈されていますが、本当は「王である三超院様は臣下から布施を受ける立場にない」という意味です。

すなわち、日蓮法華の「王佛冥合の立正安国思想」を受け継いだ思想です。しかし、一般的には京都妙覚寺の日奥《にちおう》が次の理由で不受不施派の中興の祖とされています。

文禄四年（一五九五）、豊臣秀吉が京都の方広寺《ほうこうじ》大仏殿千僧供養会《せんぞうくようえ》のため、真言宗、天台宗、禅宗、律宗、浄土宗、日蓮宗、一向宗、時宗に出仕を命じます。このとき、日蓮宗には出仕に応じ宗門を守ろうとする受不施派と、出仕を拒んで不受不施の教義を守ろうとする不受不施派に分裂しました。妙覚寺の日奥は出仕を拒否して妙覚寺を去りました。

慶長四年（一五九九）、受不施派の求めに応じ、徳川家康は大坂城で日奥と受不施派の日紹を対論させました（「大阪対論」といいます）。その結果、権力に屈しようとしない日奥は対馬に流罪にされます。

慶長十七年（一六一二）、日奥は赦免されて妙覚寺に戻りました。寛永七年（一六三〇）、山梨県の久遠寺《くおんじ》の日暹《にっせん》（受不施派）は、東京・池上本門寺の日樹《にちじゅ》（不受不施派）が久遠寺を誹謗・中傷して信徒を奪ったと幕府に訴え出て、江戸城で両派が対論しました（これを「身池《しんち》対論」といいます）。

このとき、久遠寺は幕府と強固な関係を築いていたので、本寺としての特権を与えられていました。そうしてその関係をうまく活かしたのです。それに支配者側にとって不受不施派は都合の悪い存在だったこともあって、不受不施派側は敗訴します。

その結果、日奥は再び対馬に配流されることになりましたが、すでに亡くなっており、遺骨が配流されたとされます。寛文九年（一六六九）、幕府は、寺領を将軍の寺に対する供養とし、不受不施派に対して、信徒を寺請《てらうけ》（その寺の信徒であることを証明させた制度。寺が発行する寺請状は身分証明書の代わりとなった）することを認めない「不受不施派寺請禁止令」を発し、禁制宗派としました。つまり、教団自体が非合法化されるなどの厳しい弾圧を受けたことになりますが、これと三超派（三鳥派）の不受不施義はまったく相違するところです。

ゆえに江戸幕府はキリシタンと同様に、延享元年（一七四四）には特に「三鳥派不受不施御仕置之事」という刑罰を設け、三超（院）派に対して弾圧と取り締まりを行いました。

幕府の三超派大弾圧を受けて、**三超院法皇の曾孫・長寿院《ちょうじゅいん》は、漢の九寺（太常寺、光禄寺、衛尉寺、宗正寺、太僕寺、大理寺、鴻臚寺、司農寺、太府寺）の制をまとめて一寺として、南主の行政府としての意味で、南主（出羽王）以来、小野寺と号してきたのですが、それに醍醐天皇の山科《やましな》の廟所《びょうしょ》（墓所）の通称・小野寺を加えて「小野寺左京秀寿《さきょうひでとし》」と名乗り、野に隠れました**（本章冒頭に掲載の系図参照）。現在、長寿院が自ら彫ったと伝えられる位牌が、沼津市井出にある士詠《しえいざん》山大泉寺に保存されています。

それには、「一花無残居士」と彫られています。「一花」とは日蓮大聖人の魂魄（魂）である「本因妙大本尊」のことであり、また長寿院の血統でもあります。「無残」とは、完全に隠し込めるという意味です。

つまり、日蓮大聖人より日目（俗姓・小野寺）、日道（俗姓・小野寺）と代々伝わってきた「本因妙大本尊と後醍醐天皇直系の南朝天皇という立場を完全に隠し込める」という意味になります。

長寿院は天明元年（一七八一）頃には駿河駿東の地に、士詠山大泉寺以下二カ寺を重興し、寛政元年（一七八九）一月三十日、亡くなっています。

なお、日蓮仏教の色心不二思想（体〔色〕と心は一体であるという思想）の流れを強く受けた長寿院の孫・圓藏院《えんぞういん》法皇（富柳蝶眞《ふりゅうちょうしん》）の時代になって、幕末に入ります。

幕末の尊皇思想の盛り上がりの中で、圓藏院法皇は「王佛冥合の立正安国」を念願する人々に支持され、国体正統府の再興をはかりましたが、天保二年（一八三二）七月一日、

長寿院の御影像（文政五年・森周輔天英作、著者蔵。上）と沼津市・士詠山大泉寺に保存されている長寿院陛下の墓碑

「西し東し　北なき浮世　みかぎりて　南へ起て元へかえさん」

の辞世を残して崩御しています。

この圓藏院法皇の孫が、第2章で解説する知徳院（大政天皇）であり、戊辰戦争において東武天皇として仙台藩主・伊達慶邦らに奉戴された人なのです。

第2章 南朝天皇の真実はこうして隠蔽された

政商グラバーは東武官軍に旧式銃、西軍に新式銃を売りつけた

明治時代のはじめに話は移ります。

明治国家が確立されるまでの一般的な認識から振り返っていきます。まず重要なのが、慶応四年（一八六八）の戊辰《ぼしん》戦争です。

もともと戊辰戦争は、欧米諸国が日本の金銀を奪い取るために起こした戦争がきっかけとなって発生しています。

戊辰戦争からさかのぼること六年前の文久二年（一八六二）八月、神奈川県の生麦で薩摩藩士が起こしたイギリス人殺害事件で、イギリス政府は賠償十万ポンドを要求してきました。幕府の小笠原長行《ながみち》は専擅《せんせん》（思いのままに事を行うこと）のもと、四十四万ドルを支払いましたが、イギリスはなおも薩摩藩に対し、下手人の処罰と死者の遺族扶助費および負傷者への慰藉《いしゃ》料として二万五千ポンドを要求してきました。

要求に応じなければ直接イギリス艦隊を差し向ける旨を幕府に告げたうえで、翌年七月、イギリス艦隊は鹿児島湾口に入り、投錨《とうびょう》。交渉に入ったが決裂、合戦に及んだ後、前述のイギリスの要求を薩摩がのむことで和解が成立しました。

しかし、薩摩藩ではお金が払えません。そのままでは薩摩藩領はイギリスの植民地になって

しまいます。そこで幕府は戦争に直接関係なかったのですが、慰藉料二万五千ポンド（十万ドル＝金六万三百三十三両一歩）を幕府が立て替え払いしました。このお金はその後も薩摩藩から幕府に返済されないままになっています。

そのあとすぐの文久三年（一八六三）二月二日の『日本貿易新聞』第四十四号（神奈川県発行）に「大君の後見に退役せし越前老侯松平春嶽上書」と題した次のような記事が掲載されました。

「陛下（孝明＝明治天皇大行帝の父）彼《か》の西洋人を禽獣《きんじゅう》と蔑《みそな》わして彼を打払へ彼を打払へとの み臠肉《れんにく》し給ふ陛下は彼を禽獣と宣《のたま》へ」

との意志から発せられた鎖港通牒《さこうつうちょう》をもって下関海峡通航の外国船に対し長州藩が砲撃を加えたことに対して、列国外交団から幕府に厳重なる抗議がありましたが、長州藩の外国船撃ち払いは孝明政体天皇の命令であり、この孝明の馬鹿さ加減に打つ手がなく、老中格の小笠原長行はのち東武官軍に参加したのです。

ここに六月十日アメリカおよびフランス公使、イギリス代理公使、オランダ総領事は会合し、条約既得権の擁護を通告してきましたが、それぞれの代表も本国の事情によりそのままの状態となっていました。翌年イギリス公使アールコックが帰任し、「国交に反対し……敵対行為を続行する長門侯を懲罰」との意見書をフランス・アメリカ・オランダの各公使に示し、積極的行動に移ることを提議し、ここに交渉先を孝明政府とするイギリスと、幕府とするフランスは意を相違しましたが、イギリス公使が長州藩主に送った文書の一節に「帝国の主権が何処に在るべきか又は誰人の掌中に帰すべきかは諸君の問題であって欧洲諸国は断かる事に関与するを欲せぬ」（板澤武雄著『幕末の外交』より。尾佐竹猛著『明治維新中巻』より引用）とあります。

しかし、調印された条約はすでに現存する以上その条約を守れとの主張であり、守らなければ軍事行動を起こすという通告通りとなり、結果、長州藩には支払い能力はなく幕府は列国に対して三百万ドルを支払うこととなります。慶応元年（一八六五）七月、初回分の五十万ドルが支払われ、第二回は同年十二月、第三回は翌二年四月に支払われ、第四回は明治二年（一八六九）五月までの延期を列国に認めさせたものの、新政府となり明治七年（一八七四）に残債を明治府が支払いました。このうちアメリカの受け取り分の七十八万五千ドルは不当利益として明治十六年（一八八三）に明治新政府に返還されました。

その結果、幕府は江戸城の緊急修復もままならないほど、財政が逼迫《ひっぱく》しました。当然ながら、徳川家に近い親藩《しんぱん》大名は幕府の財政事情を知ることとなります。

そして、慶応四年（一八六八）に鳥羽・伏見の戦いが始まります。新政体府軍と幕府軍との間で十六カ月余にわたって戦われることになる、内戦の始まりでした。

このとき、親藩大名は幕府の財政事情を考えたら、幕府側に立って参戦してたとえ勝ったとしても、もはや幕府からの恩賞が保証されないことがわかっていました。そこで、幕府側へは参加せず、日和見の態度となったわけですが、これがそのまま戊辰戦争へと続いていきます。

とはいえ、新政体府軍から「朝敵《ちょうてき》」と一方的な汚名を押しつけられて納得できない幕臣や一部の親藩大名もいました。彼らは戊辰戦争へと拡大する騒乱の中で、自然に正統皇統である南朝を擁立して、新政体府軍に対抗することになりました。

彼らは国内最大の藩士を擁していた六十二万五千石余の仙台藩を頼って集結します。こうして、結成されたのが歴史家の言う「奥羽越列藩同盟《おううえつれっぱん》」です。

新政体府軍が北朝の「閏統《じゅんとう》（政体）天皇」を擁立して皇軍を名乗ったのに対して、仙台伊達十三代藩主・伊達慶邦《よしくに》は、南朝と呼ばれていた国体の「正統天皇」を擁立して「東武官軍」を編成しました。ここで擁立された正統天皇は、「東武天皇」や「東武皇帝」と呼ばれています。

通説では東武天皇即位は、「伊達中将慶邦を中心とした奥羽越列藩同盟が、持明院統の輪王《りんのう》寺宮公現法親王《じのみやこうげんほっしんのう》（後の北白川宮能久親王《きたしらかわのみやよしひさ》）を軍事総督としてかついで起こした事件」だったと伝えられています。

戊辰戦争は新政体府軍が鳥羽・伏見の戦いで勝利し、江戸城を接収。関東各地で幕府軍の主戦派を討ち、最後に奥羽越列藩同盟と結んで対抗する諸藩を降伏させ、箱館《はこだて》の五稜郭《ごりょうかく》を陥落させて戦闘は終結しました。

ちなみに、戊辰戦争中の武器商人たちの行動を検証すると、東武官軍に対する武器納入の遅れの陰には、武器商人の恣意《しい》的な策略が見えてきます。

先払いで十分な金銀を受け取った彼らは、「東武官軍が敗戦すれば、受け取った金銀を精算

輪王寺宮・北白川宮能久親王と
トーマス・ブレーク・グラバー

する必要がなくなる」と考えました。そこで、彼らは大政天皇に味方するふりをして、西軍、つまり新政体府軍に加勢し、これらの金銀を詐取したのです。

トーマス・ブレイク・グラバーは、幕末の日本で暗躍したスコットランド出身の武器商人です。明治維新後も日本に住んで、造船・採炭・製茶貿易業を行っていました。当時の商人の裏には、さまざまな国の政府がなんらかの形で関与していたわけです。

東武官軍の依頼により、武器調達を引き受けたグラバーは、旧式の「ゲーベル銃」を東武官軍に高く売りつけ、西軍には新式の「ミニエー銃」を提供しました。

「ゲーベル銃」の有効射程距離は約二百メートル。二百ヤードでの命中率は約四十パーセントでした。これに対して、西軍に提供された「ミニエー銃」の有効射程距離は約八百メートル。二百ヤードでの命中率は九十五パーセント。さらに、発射頻度は「ゲーベル銃」の約十倍という高性能なものでした。

まさに、東武官軍はスクラップ同然の武器を高価で買わされ、無駄に軍費を浪費させられたわけで、金銀をだまし取られたと言っても過言ではありません。

このときの東武官軍の将兵、というより武士団は、いまだ武士として誇り高く、武士の魂である刀を捨てて鉄砲を所持することを潔《いさぎよ》しとはしませんでした。そのために、鉄砲の価値を軽視し、その性能に関する知識が不足していたことも重大な弱点であり、そこにつけこまれてしまったのです。

仙台に避難した知徳院は仙台伊達と一関藩の田村を頼った

ここからは通説ではなく、真実の歴史を述べていきましょう。

実は輪王寺宮公現法親王が奥羽越列藩同盟の軍事総督に就任する前に、東武官軍に擁立された真の「東武天皇」がいたのです。

戊辰戦争の記録や、戦争後の明治政体府の対応や追及ぶりを見てもそれは明らかです。東京都港区に存在した「東武天皇」の墓所からも証拠が出ています（この点は後述します）。

東武官軍に擁立された真の「正統天皇」とは、第1章の最後に述べた、伊勢から駿河国駿東郡阿野庄に移り住んだ南《なん》天皇（東光院）の直系子孫に当たる南朝第百八代、大政天皇（知徳院、明治三十四年以降、俗名・小野寺勇蔵と称す）です。

大政天皇（知徳院）は私の玄祖父に当たります。沼津市井出にある士詠山大泉寺に保存されている小野寺左京（長寿院）寄進の什器や位牌、過去帳、およびその境内に残る小野寺左京の墓石などによって、知徳院法皇の代まで、駿河国駿東郡東井出の地に御所を営んでいたことが確認できます。

話は戊辰戦争の数年前にさかのぼります。幕末の米国使節、ペリーの来訪がきっかけとなって「尊皇攘夷《そんのうじょうい》論争」が起こります。

国内が政情不安で騒然としているなか、大政天皇は廷臣・小野寺氏の遠縁に当たる平岡円四《ひらおかえんし》郎《ろう》を京都に向かわせて、政体の中の国体支持者を探索させました。

平岡円四郎は藤田東湖《ふじたとうこ》（水戸藩第九代藩主・徳川斉昭の側近として活躍した人物）の推薦で一橋慶喜の雇い小姓《こしょう》となった人物です。慶喜が将軍後見職についたとき、「天下を動かしているのは一橋慶喜で、それを動かしているのは平岡円四郎だ」といわれたほどの傑物でした。

現在、私のもとに平岡円四郎の京都探索の証拠があります。それは文久元年（一八六一）に堂上《どうしょう》公家の藤原博房《ひろふさ》によって書かれた極書《きわめがき》（書画などの鑑定書）で、その極書は建武二年（一三三五）三月四日に後醍醐天皇の廷臣・藤原藤房《ふじふさ》が日吉《ひえ》神社の神前に納め奉る……という形式をとって後醍醐天皇を諌《いさ》めた文章です。その所持者に対して、
「何《いかな》る人乃《の》家に傳来《つたえきた》る」

と示され、また万里小路《までのこうじ》家の侍臣の添え状には、

「(万里小路藤原博房の）極之詠歌巻也　一首
右是者南朝
後醍醐天皇之公卿
黄門藤房御真跡之一軸別尓《なんじ》有レ之。為レ後鑑レ極之一首、
蔵人迂尉佐博房之朝臣以二自筆一被染筆作尚亦添
證書如件
　維時文久元年酉子月初旬
　万里小路家侍臣　秦貞嘉（印）」

とありました。ここで博房は「この者は間違いなく後醍醐天皇の廷臣であり、私の先祖である藤房の直筆の書である」と書いています。

普通、極書というのは鑑定書ですから、「誰々が持っているこの書は……」のように始まるはずですが、ここでは持ち主の名前が書かれていません。そこから「名前を出せない」という事情が見えてきます。

つまり、その存在の家柄や身分が非常に特殊で表現できない——要するに所有している人は

後醍醐天皇の末裔だからということでしょう。

明治以降の一般的な（通俗的と言ってもいいかもしれません）認識では、この極書が書かれた幕末の文久元年（一八六一）には、南朝という存在は問題にされていなかったことになっています。しかし、ここに書かれているように、南朝は強く意識されていたのです。

この「強く意識されていた」というのが重要なところで、この意識こそが戊辰戦争の「南朝革命」の根底にあります。この博房は明治政体府の内閣参与・議定・宮内卿を歴任し、明治十七年（一八八四）二月二十二日、皇太后宮大夫の現職で薨《こう》じ、子息通房は伯爵となり貴族院議員を務めました。すなわち、南朝の存在を認識していた家系の人でした（110ページの系図参照）。

この「極書」が書かれた三年後、南主知徳院の特命を受けて入洛した平岡円四郎は、元治元年（一八六四）二月十六日夜、京都で暗殺されてしまいます。

「平岡円四郎暗殺さる」の報に接して、同年、南主知徳院は急遽、駿河国に立ち帰り、そのまま仙台に避難することになりました（このとき、箱根の車返しに至った際、日安込箱《にちあんこめばこ》をはじめとした十駄の聖教櫃《せいきょうびつ》と笈《おい》が紛失しました）。そこで奥州仙台を治める南朝の旧廷臣である仙台伊達と、一関《いちのせき》藩の田村の両氏を頼みとします。

また仙台藩第十三代藩主・伊達慶邦の生母である延寿院は、知徳院にとって叔母（貞操院の妹）でもありました。

伊達慶邦ははじめのうち、詳しい事情を知らされていなかったので、政体側にありました。しかし新政体府側の薩長の暴虐さに驚き、詳しい事情を知ると、南主知徳院を擁立して、国家改革を志しました。迫害され続けてきた南主天皇を東武天皇として擁立することで、「南朝」による国体の正統王権を再興する絶好の機会でもあったからです。

知徳院は大政天皇（東武天皇）と呼称され、盟主になりました。

明治十六年（一八八三）に明治政体天皇が日本の国史として岩倉具視《ともみ》にまとめさせた『大政紀要』には、このような記述があります。

「徳川氏ノ末造《ばつぞう》ニ至リテ。尊攘ノ論盛ニ起リ。終ニ王政復古ノ大業ヲ致セルハ。亦當時《またとうじ》勤王ノ人心再燃セル者ニ外ナラス。然《しか》レハ則《すなわ》チ我《わが》臣民勤王ノ道ハ。初ヨリ未《いま》タ起滅断続スル者ニ非《あらざ》ルナリ」

つまり、「徳川の末期に尊皇攘夷の思想が興って王政復古がなされた」としているわけですが、その実態は「嘉永二年（一八四九）、米国使節ペリーの来訪に刺激された下級士族の一部で、無知蒙昧《もうまい》な尊皇攘夷論が盛り上がり、次第にその拠りどころを水戸学の南主正統論から後醍醐天皇の建武の新政に移し、そこに救国の原理を求めるようになった」ということです。すなわち後醍醐天皇の討幕、それが戊辰戦争における、討幕思想の原点となったのです。

極書の解説でも前述しましたが、南朝への「強い意識」は幕末にもずっと続いていたことになります。

戊辰戦争で奥羽越列藩同盟旗（東武官軍旗）の紋として使われたのは五光紋でした（94ページの図版参照）。これは全世界を統《す》べる救世主としての正統な権利者を象徴する「八弁放光紋」から図案化された紋様です。

この頃、仙台藩では文久元年（一八六一）から慶応三年（一八六七）まで続く天災による被害により、とてもほかの藩を支援できる状態ではありませんでした。このような仙台藩の財政事情を助けたのが、大政天皇のもとに備蓄されていた莫大な金銀でした。

かつて、宮城県石巻市《いしのまき》に石巻銭座《ぜにざ》というものがありました。銭座とは、江戸時代に幕府の許可を得て、銭貨を鋳造した組織のことです。

銭座は本来、「鐚銭《びたせん》」と呼ばれる品質の悪い通貨を製造するところですが、石巻銭座では鐚銭以外にも貨幣が造られていました。

私は石巻銭座では、そのほかにもいろいろな通貨が造られたのではないかと考えています。というのも、石巻銭座の所在地は「小野寺横丁」という地名のあるところだったからです。

多くの記録は戦乱によって失われましたが、東武官軍の資金の出所について、現在でも知ることのできる史料があります。それが慶長三年（一五九八）に南主役所で書かれ、私が受け継いだ『衣川黄金之事《ころもがわおうごんのこと》』（宮城県史編纂委員会「第九三号ノ一」）という史料です。

この記録によれば、大政天皇のもとに備蓄されていた莫大な金銀とは、その血縁である「小野寺氏」の勢力によるものでした。それは、

○戦国から江戸時代を通して金山・銀山を開鉱して備蓄した金銀
○代々にわたって南朝を支えてきた「千福屋形小野寺氏」が江戸期に入って営んだ「鮫屋」の糸割符貿易による利益

であることがわかっています。

前述の通り、糸割符貿易とは、江戸幕府が慶長九年（一六〇四）、特定の人に独占的に大明国との貿易の権利を認めたものです。

千福小野寺氏の鮫屋久円（小野寺喜兵衛）は慶長九年に菱屋宗意（清水清右衛門）・津田紹意（勘兵衛）・有来真佐（新兵衛）の三人とともに京で認められた四人のうちの一人で、その権利は世襲され、莫大な富を得ることができました。糸割符貿易を許されたのはほかに堺に六名、長崎に四名いました。

ちなみに、『衣川黄金之事』にはこのほかにも、金を掘るときの儀式や、東北地方はもちろん全国の金山の所在地、そして、この文書を書いた人物の名前まで書かれています。そこには「小野弾正大輔金重《かねしげ》」とはっきり書かれています。

榎本武揚声明によって東武朝廷方を見放した諸外国

慶応三年（一八六七）、江戸幕府第十五代将軍・徳川慶喜が政体天皇に政権を返上した「大政奉還」が起こります。慶応四年（一八六八）には、勝海舟と西郷隆盛の会談により、江戸城は無血開城され、江戸の町は戦火を免れました。しかし、まだ官軍と新政府軍との戦争状態は続いていました。

また同年、徳川慶喜が謹慎していた上野寛永寺で、慶喜の警護などを目的として結成された「彰義隊《しょうぎたい》」と新政府軍の間で上野戦争が勃発しました。しかしこの戦争で、彰義隊は一日で敗れてしまいます。上野に立てこもった孝明天皇の弟・輪王寺宮公現法親王（後の北白川宮能久親王）は、江戸を逃れて会津に入りました。

ここで「東武天皇」に関する混乱が生じます。

会津藩が米沢藩とともに、輪王寺宮を列藩同盟の盟主（軍事総督）として擁立してしまったのです。なぜ、このようなことが起きたのかというと、以下のような背景がありました。

大政天皇（南朝）を盟主としていたのは、仙台藩六十二万石の伊達氏、一関藩三万石の田村氏、盛岡藩十万石の南部氏などが中心でした。彼らの先祖は後醍醐天皇を支持していた、いわば南北朝時代からの南朝の廷臣です。

これに対して、同盟は結んだものの、仙台藩が指揮をとるのに不満を抱く勢力がありました。それが、秋田藩二十万石の佐竹《さたけ》氏や、かつて関東管領《かんとうかんれい》（室町幕府における鎌倉公方補佐職）として足利政府を支えた米沢藩十五万石の上杉氏、幕末に京都守護職の任にあった会津藩二十八万石の松平氏でした。

佐竹氏も上杉氏も、南北朝時代に足利方として大活躍した先祖を持つ家であり、かつて後醍醐天皇に反旗を翻した足利尊氏の母・清子《せいし》は上杉家出身だったという因縁もありました。そこで、彼らは南朝方の仙台藩がリーダーとなることがおもしろくなかったのでしょう。

そのような状況下、江戸の上野戦争で敗れた持明院統の伏見宮の流れを受ける輪王寺宮が偶然、会津に下ってきます。そこで、会津藩の松平氏が輪王寺宮を盟主として擁立してしまったというわけです。

その目的は、旧幕閣により徳川将軍家の安泰をはかることのみでした。

このようにして、それぞれの主張と目的が違うまま、奥羽越列藩同盟は戊辰戦争に突入し、伊達・田村・南部旧幕府方と、上杉・佐竹・津軽方とで、参加した人々の思いは最後まで統一されませんでした。当初、海外各国からも、東武天皇を擁する官軍側が絶対優勢と考えられていましたが、「船頭多くして船陸に上る」の状態からもろくも同盟は崩れていくのです。

伊達（松平）慶邦には跡取りがいませんでした。そのため、一関藩第八代藩主・田村邦行《くにみち》の長男・田村通顕《ゆきあき》が文久三年（一八六三）十月七日、慶邦の跡継ぎとなり、将軍・家茂に謁して茂村《もちむら》と改名しました。しかし、茂村は戊辰の前年の慶応三年（一八六七）六月十六日、十八歳で早世してしまいます。

茂村に代わって慶邦の跡を継ぐ養嗣子となったのが、仙台藩の分藩《ぶんぱん》である宇和島藩の伊達宗城《むねなり》の子・伊達宗敦《むねあつ》です。宇和島藩は最初から新政府側に立ちました。

宗敦は奥州名取郡岩沼（現・宮城県南部）に出陣しましたが、養父・慶邦の命に従わず、賊兵と交戦することもなく新政体府側に降伏してしまいます。この降伏をもって、明治元年（一八六八）九月十一日、東武天皇の率いる官軍は崩壊しました。

明治政体府が調査した結果、東武朝廷府は「仙台藩主が国体の正統王を擁立して設けた政府」だと知りました。そこで、その政府の存在を全面的に否定するため、徳川将軍家の安泰を絶対条件として謀《はか》っていた勝海舟を取り込み、幕府海軍副総裁・榎本武揚《えのもとたけあき》を動かしました。

その結果、榎本は明治元年（一八六八）十二月二十日、各国公使に次のような声明文を送ったのです。

○徳川氏の新領地を蝦夷地に求める。
○対外関係は明治新政府に一任する。
○徳川脱藩家臣は反乱分子でも盗賊でもない。祖国の土の上に生きる正統な権利を持つ。
○徳川脱藩家臣は正統な権利を守るため、武器を手にして防衛する交戦団体である。

○諸外国は箱館で戦争が起こったとしても局外中立を保たれたし。

これは、日本の国体を深く知らない諸外国に対して、「持明院統を擁立した政体府が、唯一の日本国政府である」とあざむいて認めさせるのが目的でした。しかし、戊辰戦争は榎本武揚の言う「徳川脱藩家臣団の戦い」ではなく、主体はあくまで国体皇統の東武官軍府であり、徳川脱藩家臣団は東武官軍府を頼って参加しただけです。

東武官軍府側が「対外関係は明治新政体府に一任する」ということもありえません。なぜなら、明治元年六月十日以来、東武朝廷府は正統府として外交全権団を新潟や横浜に送り、諸外国と交渉していたからです。

ところが、明治政体府は勝安房《かつあわ》（海舟）を通して、榎本に作らせたと思われる突然の声明文を巧妙に利用して、宣伝しました。そうやって、東武朝廷府の「外交交渉権」を破壊してしまったのです。

諸外国の中でもイギリスは西軍と利害関係が深く、「日本国の正当な政府は京都（北朝）の朝廷政府である」という強引な外交姿勢をとっていました。東武朝廷府を正統政府と見なしていたアメリカやプロシア、イタリアなどの列国も、榎本の声明によってそれに同調せざるを得なくなったのです。

その結果、東武正統府は諸外国政府から見放され、存在が消されてしまいました。

大政天皇のもとに備蓄されていた莫大な金銀は、南主の菊花紋入り通貨（通称・会津銀判）として鋳造《ちゅうぞう》され、鉄砲・軍艦などの東武官軍の武器調達費に使われましたが、前述したように、悪辣な武器商人たちによって海外に流出してしまいました。

当時の武器調達費は海外の武器商人に先払いで支払われ、その後、東武官軍府が消滅したのにともなって武器の納入が完了しないまま、いまだに清算されていません。

東武官軍で使用された通貨（『日本貨幣カタログ』より）。南主墓碑の台座と同じ十六弁菊花紋が刻まれていることから、小野寺家が鋳造に関わったことがわかる。下は東武官軍旗。使われている五光紋が、185ページの神爾の紋と同じであることに注目

敗れた東武官軍の人々がたどった悲運の末路

明治政府より戊辰戦争の国事犯と見なされた人々のその後の運命が、朝日新聞仙台支局編の『宮城人』に書かれているので、抜粋、注釈を加えて紹介します。

○大童信太夫《おおわらしんだゆう》
但木土佐《ただきとさ》（後述）に戦いを勧め、江戸で作戦を手引きしたとして反逆者とみられ、逃亡生活を続ける。明治二十二年（一八八九）に、憲法発布の大赦《たいしゃ》で許されるまで家名を取り上げられていた。この間、黒川剛の名で、牡鹿《おしか》、黒川、加美郡長を務めた。渋井柿造の名も使った。明治三十二年（一八九九）、伊達家の家扶《かふ》（執事役）として東京品川邸に移り、翌明治三十三年、六十九歳で没。

○玉蟲左太夫《たまむしさだゆう》
明治元年（一八六八）、会津討伐に際し、若生文十郎（後述）とともに奥羽越列藩同盟の結成に尽力して、薩長と対立。同年仙台藩降伏、明治二年（一八六九）四月切腹、享年四十六。
〔注〕明治二年、仙台藩内に戊辰戦争参戦責任追及の騒乱が起こり、明治政体府は鎮撫使《ちんぶし》（各地の治安巡察、国司・郡司の監察などを目的とした要官）を派遣した。同年四月六日、鎮撫総督である久我通久《こがみちつね》が下仙して、同月九日、玉蟲左太夫・若生文十郎両名が捕らえられ、切腹を命ぜられる。理由は東武即位事件の秘密保持のためと考えられる。

○坂英力《さかえいりき》（時秀《ときひで》）
剣道師範、藩主名代などを経て、慶応二年（一八六六）には奉行となり、江戸に出府。将軍慶喜とも直接会談。幕末は但木土佐（後述）と表裏一体となり、仙台藩の政局を指導した。

その政治理論は開国平和論だった。会津藩謝罪の嘆願書を提出、一時休戦の届けを新政体府側に差し出すが、仙台藩士・瀬上主膳《せのうえしゅぜん》が長州藩士・世良修蔵《せらしゅうぞう》を殺害したことで新政体府軍との対戦が決定的となり、各戦場で激しく戦う。

降伏後、逮捕され、明治二年（一八六九）五月、東軍の軍事責任者として、東京において首班奉行の但木土佐と一緒に処刑され、家禄《かろく》・家名も没収された。享年三十七。
〔注〕坂英力時秀は麻布の仙台藩屋敷で斬首された。遺骸は東京・芝高輪の悌日山《ていじつざん》東禅寺山内、仙台藩墓所に葬られた。
墓の位置は、但木土佐とともに真の東武皇帝である大政天皇の墓陵の正面石垣下である。二人の無念を思いやるかのように、階段を挟んで但木土佐の墓と並んでいた。

のちに、坂英力時秀の墓は仙台藩により撤去された。

おそらく、どこかへ移されたと思われるが、坂英力が「罪人」として処罰された以上、遺骨を運び出すことも違法となってしまう。そこで、ひっそりと行われたと思われる。

坂英力の辞世の句は以下の通り。

「うき雲を　払ひかねたる　秋風の　今は我が身に　しみそ残れる
国も矯《た》め　すてる命の　かひあらば　身はよこしまの　罪に朽つとも」

（国も曲がったところを直し、命を捨てる機会があるならば、自分の身は罪人とされて朽ちて

もよい）

○松本要人《まつもとかなめ》

仙台藩松本家の七代目当主。叛逆《はんぎゃく》の首謀者として、反対派の遠藤允信《さねのぶ》に追われた。漁師に変装して仙台から松島に抜け、箱館では榎本武揚の軍に加わる。やがて、東京に出てから遠藤允信に捕らえられるが、維新の大赦で許された。

明治二十六年（一八九三）、七十七歳で没。墓は宮城県古川市休塚《やすみづか》の茂林寺《もりんじ》にある。松本要人の身代わりになって自殺した千葉源左衛門は、仙台市北山の覚範寺《かくはんじ》に葬られ、そこに松本要人の碑が立った。明治三十年（一八九七）になって碑面が削られ、源左衛門の名が刻まれた。

〔注〕遠藤允信は戊辰戦争で仙台藩が新政体府に降伏したのち、藩政の指導に当たった人物。千葉源左衛門は松本要人の家来。戦犯に指定された松本要人が逃亡した際、家人に頼まれて身代わりを承諾し、殺されて松本が自殺したと装ったもの。

また、松本要人の祖母は、東武皇帝の妃となった光子の実家の祖父・亘理伯耆守常胤《わたりほうきのかみつねたね》の妹である。

○葦名靫負盛景《あしなゆきえもりかげ》

仙台藩葦名家二十六代目。奥羽越列藩同盟を結ぶため、会津、越後長岡、新発田《しばた》に使者として向かった。戊辰戦争では額兵隊《がくへいたい》総督として出兵。戊辰戦争後、戦争責任者として裁かれ、一年余り入獄、家禄没収、出獄後も二年間、岩沼町の古内家で謹慎。その後、伊達伯爵家扶となる。

〔注〕額兵隊とは仙台藩で結成された、銃を装備した洋式銃隊のこと。葦名靭負盛景の娘は東武皇帝の妃となった光子の実家の兄・亘理伯耆守基胤《もとたね》の夫人となる。

○大槻磐渓《おおつきばんけい》

戊辰戦争の際、奥羽越列藩同盟の論客となり、文書の起草に当たったため、投獄された。

〔注〕大槻磐渓の入牢は明治二年（一八六九）四月。大槻磐渓は大政天皇の妃となった光子の実家の従弟・亘理《わたり》伯耆守《ほうきのかみ》隆胤《たかたね》の師である。

○和田織部《おりべ》（本名は為泰《ためやす》）

伊達六郎宗規《むねのり》の次男に生まれ、十三歳のとき蒲生城主（仙台市蒲生）の和田氏の養子となり、十一代目の蒲生城主となる。戊辰戦争には参謀として出陣。宮戸島（宮城県東松島市）に砲台を築いて海の備えを固めた。

敗れたあとの仙台藩は重臣が捕らえられ、藩内は混乱。和田織部は最後の国老に迎えられ終戦処理に当たったが、桜田良佐《りょうすけ》ら反対派の仙台藩士により、「浮浪の徒を集め謀反を企てている」と明治政府に密告され、明治二年四月十四日、切腹させられる。享年三十八。
〔注〕織部と一緒に密告されて切腹させられ、家禄を没収された者が七人いた。昭和四十三年（一九六八）五月十二日、その子孫が、百年ぶりに仙台市片平丁《かたひらちょう》の料亭「春風亭」に集まった。
春風亭は戊辰戦争の頃、奥羽越列藩同盟の参謀本部があった場所。しかし、集まったのは四家族であり、それ以外の子孫はいまだにどこにいるのかわからないという。

○但木土佐《ただきとさ》（本名は成行《なりゆき》）
奉行として戊辰戦争まで藩政の最高責任者だった。開国を支持し、桜田良佐らの攘夷派と対立。

藩内の攘夷派一掃後は藩論を指導して、戊辰戦争の責任者として明治二年（一八六九）五月、東京で処刑された。享年五十二。

処刑後は家名も家禄も没収されたので、財産は何一つなくなった。遺品は手紙が一通のみ。

彼の祖父は偽名を使って全国を逃げ回らなければならなかった。その後、祖父は許されて故郷の吉岡に戻り、郡長まで務めた。
〔注〕「国家の大計を誤り、君主を逆境に陥れ、無辜《むこ》の（罪のない）民を死に至らしめたのは皆吾輩《わがはい》の罪」と語った。明治元年（一八六八）九月二十七日夜、捕らえられ東京に送られ、淀橋の稲葉邸で謹慎。翌年の明治二年五月十九日、明治政体府により刎首《ふんしゅ》（首をはねる刑罰）とさ

れ、麻布の仙台藩屋敷で斬首。辞世の句は、

「雲水の　行方はいづこ　武蔵野を　ただ吹く風に　まかせたるらん」（自己を旅の僧にたとえて死後の命の行方を武蔵野の自然に任せる）

但木土佐の夫人は東武皇帝の妃・光子の実家の姉である。

遺骸は東京・芝高輪の悌日山東禅寺山内、仙台藩墓所に葬られた。前述の坂英力時秀の墓と同じく、真の東武皇帝である大政天皇の墓陵の正面石垣下に、階段を挟んで坂英力の墓と並んでいた。しかし坂英力の墓と同じく、のちに仙台藩により撤去された。

○若生文十郎《わこうぶんじゅうろう》

戊辰戦争では明治元年三月と四月の二回、仙台藩の正使・副使として会津藩に出向いて降伏を勧告、無血和平をはかった。その後、長州藩・世良修蔵などの新政府軍に対抗するため、玉蟲左太夫らとともに奥羽越列藩同盟の結成に尽力、農兵の募集に当たった。

仙台藩降伏後の明治元年十一月、箱館地方に密行し、旧臣や仙台藩脱兵の挙動を視察した。明治二年（一八六九）四月、「討会に際してふっつかな行為があった」という曖昧な理由で切腹させられた。切腹のときには、短刀を手でしごいて「鈍刀《なまくらがたな》だな」といって腹に突き刺したという。家跡没収。

〔注〕若生文十郎は大政天皇の東武天皇擁立に関して重要な役割を担ったため、秘密保持の必

要から処刑されたと思われる。

○安田竹之輔

戊辰戦争当初は尊皇攘夷を主張していたが、西軍（新政体府軍）の横暴乱行に怒り、奥羽越同盟（東軍）を擁立。自らも参謀となって福島県磐城《いわき》地方で転戦。

戦争後、藩内の旧佐幕派狩りのリストに名を挙げられ、明治二年四月に切腹。享年四十二。処刑後、安田家は家名も家禄も没収され、無一文になった。仙台市東四番丁にあった仙台邸は政府に「一夜のうちに明け渡せ」と言われ、家財道具類は隣の家に投げ捨て、一族は逃げたという。

東武官軍参加者、寝返った者への処分

仙台藩士が所持していた文書である『東武皇帝御守衛』によれば、明治政体府は東武官車への参加者を次のように処分しています。

なお兄が処分され、弟や叔父が家督を継いでいるケースがありますが、これは弟や叔父が兄の養子に入ったということを表しています。

「総副将軍総裁の任、松平容保《かたもり》は戊辰元年九月、会津二十八万石を没収、家名断絶。明治二年（一八六九）十一月、生まれて六カ月の容大《かたはる》に陸奥斗南《となん》（青森県下北半島）三万石（を安堵）。

越後口奸賊防禦《かんぞくぼうぎょ》の任、松平定敬《さだあき》は桑名十一万石を没収。明治二年、弟・定教《さだのり》に桑名六万石。

関東権征夷大将軍の任、伊達慶邦《よしくに》は仙台六十二万五千六百石を没収。二歳の嫡子・宗基《むねもと》に二十八万石。

越後口奸賊防禦の任、牧野忠訓《ただくに》は長岡七万四千石を没収。弟・忠毅《ただかつ》に二万四千石。

白河口奸賊防禦の任、丹羽長国《にわながくに》は二本松十万七百石を没収。長裕《ながひろ》（養子となって長国の娘と結婚）に五万石。

白河口奸賊防禦の任、阿部正静《まさきよ》は白河十万石を没収。叔父・正功《まさこと》に六万石。

陸奥国探頭并守衛《たんとうならびにしゅえい》の任、南部利剛《なんぶとしひさ》は盛岡二十万石を没収。明治二年、利恭《としゆき》に十三万石。

越後口奸賊防禦の任、上杉斉憲《なりのり》は隠居。米沢十八万石のうち、四万石減知のうえ、子息・茂憲《もちのり》に十四万石。

越後奸賊防禦の任、松平信庸《のぶつね》は隠居。羽州上山《かみのやま》（山形県上山市）三万石のうち、三千石減知のうえ、弟・信安に二万七千石。

掟軍并《おきてぐんならびに》御守衛の任、酒井忠篤《ただあつ》は隠居。庄内十七万石のうち、五万石減知のうえ、叔父・忠宝《ただとみ》に十二万石。

雲客（三位）新中将（清涼殿にのぼることを許された官人の中でも三位という高位の者）、

田村邦栄《くによし》は一ノ関三万石のうち、一割減知の二万七千石。

越後口奸賊防禦の任、本多忠記《ただのり》は奥州泉二万石のうち、一割減知の一万八千石。

軍師・南部信民《のぶたみ》は奥州七戸一万一千三百八十四石のうち、千石減知の一万三百八十四石。

白河口奸賊防禦の任、水野真次郎は山形五万石安堵、但し、謹慎」

『東武皇帝御守衛』に無登載の大名で、明治政体府から処分を受けた大名もいました。これは明治政体府の官報に記載されています。


「奥州福島三万石の板倉勝尚《かつなお》は祖父勝俊の弟・勝定の子勝達《かつさと》に三河に転封のうえ二万八千石。

奥州湯長谷一万五千石の内藤政養《まさやす》は一千石減知の一万四千石。

奥州磐城平三万石の安藤信勇《のぶたけ》は城地没収、翌年復帰。

羽州松山二万五千石の酒井忠良《ただよし》は隠居。子息・忠匡《ただまさ》に二千五百石減地の二万二千五百石。

羽州天童二万石の織田信敏《のぶとし》は隠居。弟・寿重丸《すえまる》に二千石減知の一万八千石。

羽州亀田二万石の岩城隆邦《いわきたかくに》は隠居。養子・隆彰《たかあき》に二千百石減知の一万七千九百石。

越後村松三万石の堀直賀《ほりなおよし》は隠居。

下総結城一万七千石の水野勝知《かつとも》は千石減知の一万六千石。

越後村上五万石の内藤信思《のぶもと》は謹慎。

下総関宿四万八千石の久世《くぜ》広文《ひろふみ》は隠居。弟、広業《ひろなり》に五千石減知の四万三千石。

上総貝淵一万石の林忠宗《ただたか》は所領没収。甥の忠弘に三百石。

備中松山五万石の板倉勝静《かつきよ》は城地没収。祖父（板倉勝峻《かつあき》）の弟である板倉勝喬《かつすけ》の四男、勝弼《かつすけ》に二万石。

相模小田原十一万三千百二十九石の大久保忠礼《ただのり》は除封《じょほう》。養子の忠良《ただよし》に七万五千石。

徳川慶喜支配八百万石のうち、七百三十万石減知、駿府七十万石とされた」


これに対し、東武官軍府から寝返った者たちの処遇は以下の通りでした。


「出羽国探題兼守衛の任、秋田二十万石の佐竹義堯《さたけよしたか》は賞二万石。

奥羽蝦夷海岸総守衛の任、弘前十万石の津軽承昭《つぐあきら》は賞一万石。

白河口奸賊防禦の任、守山二万石の松平頼升《よりのり》には慰労金千両」


これらを踏まえて、通説で東武天皇といわれる輪王寺宮、そしてその運命について、次項で触れていきます。

東武天皇が南朝天皇だった真実はこうして隠蔽された

持明院統の輪王寺宮は明治政体府に謝罪して、囚われの身となりました。その後、京都の「伏見宮邸において十カ月の謹慎」という処分が下されます。

このとき、京都にいた輪王寺宮の兄、中川宮朝彦《あさひこ》親王も明治政体府から東武官軍府に加担したとされました。しかも、輪王寺宮よりも国事犯として重く処罰されています。

戊辰（一八六八年）八月、東武天皇即位事件の主謀者として位記停止（位階を取り上げること）のうえ、安芸国《あきのくに》（現在の広島）に流罪とされたのです。

その理由は、「朝彦親王が大塔宮護良親王《だいとうのみやもりよし》（後醍醐天皇の皇子）贔屓《びいき》だったため」というものでした。

護良親王は鎌倉幕府の討幕に活躍し、最後に鎌倉二階堂の土牢で足利直義のために生害（自死）しています。

中川宮の近臣、山田時章《ときあき》の記録に重要な記載があるので紹介します。

「戊辰八月刑法官知事大原重徳、判事中島錫胤《ますたね》、朝命を奉じて賀陽親王に謁し、『殿下は慶喜に私通せられて非望を企劃《きかく》せらるといふ案件を詰問す。』

親王大《おお》いに驚き、『何の證拠《しょうこ》があるとのたまふ。』

大原曰《いわ》く『已《すで》に殿下の近臣、浦野兵庫を捕え之を糺《ただ》せり。』と、誓盟の連判書の如き物を出し、其の終りに赤く手の跡の押されたるを指し、是れ殿下の手跡にあらずやと問ふ。

親王直に手を當《あ》て給ふに大きさ一寸許《ばかり》も違ふ。

大原恐惶《きょうこう》。

親王曰く『是れ全く奸人の偽物、吾の知らざる所を見るに足らん。』

蓋《しか》し浦野の糺問も無理に口供《こうきょう》を造りしなれば大原閉口。

『それは誠に済まぬ事で恐入《おそれいる》次第であるが何分にも今、刑法官として殿下に謁見する上は朝議已にかく定《さだめ》した事である故、必ず殿下の御謹慎を請はねばならぬ。』といふ。

而《しか》も親王は『かく大間違《まちがい》の事をば恐入と承状しては却って朝廷に対して済まぬ。』とて謹慎の御受を為されず。

大原益々閉口して『如何にも恐入次第であるが、宮の御恭順を願ひ度《た》し、重徳死を誓ひ御尊体に禍の及ばぬ様に計《はから》ふべし。』とありければ、
親王曰く、『今や朝議已に決して奸人の讒《ざん》に陥りしからには是れ全く奇禍なり、復途のあるなしと』遂に承伏して配流に就き給ふ」（清水東平編纂『聖鑒』、東海春秋社出版部より）

ここではつまり、朝彦親王は一貫して、「東武天皇即位事件に自分は一切関与していない」

と主張しているわけです。しかも、「首謀者と思われる手形に確認のために手を合わせてみたら、一寸（約三センチ）も違っていた」というのです。

それらの相違点がありながらも、「認めてもらうしかない」と理不尽、かつ強引に迫られています。

そもそも東武天皇は奥州仙台で即位したのであり、京都で即位したのではありません。これは「東武天皇が大覚寺皇統、つまり、国体（南朝）の天皇だったという真実」を国民から隠すために行った捏造工作だったのです。

だからこそ、隠蔽工作に従った関係者の処分はあまりにも軽く、その後の厚遇につながっているのです。その一族のたどった歴史を列記してみます。

○中川宮朝彦親王

明治三年（一八七〇）、旧位に復帰。明治八（一八七五）年、久邇宮《くにのみや》と改め、明治政体府が国家運営の拠りどころとした伊勢皇太神宮祭主となる。

○長子・邦彦王《くによしおう》

陸軍大将、元帥。その娘、良子《ながこ》女王は昭和天皇（政体帝）の皇后となった。

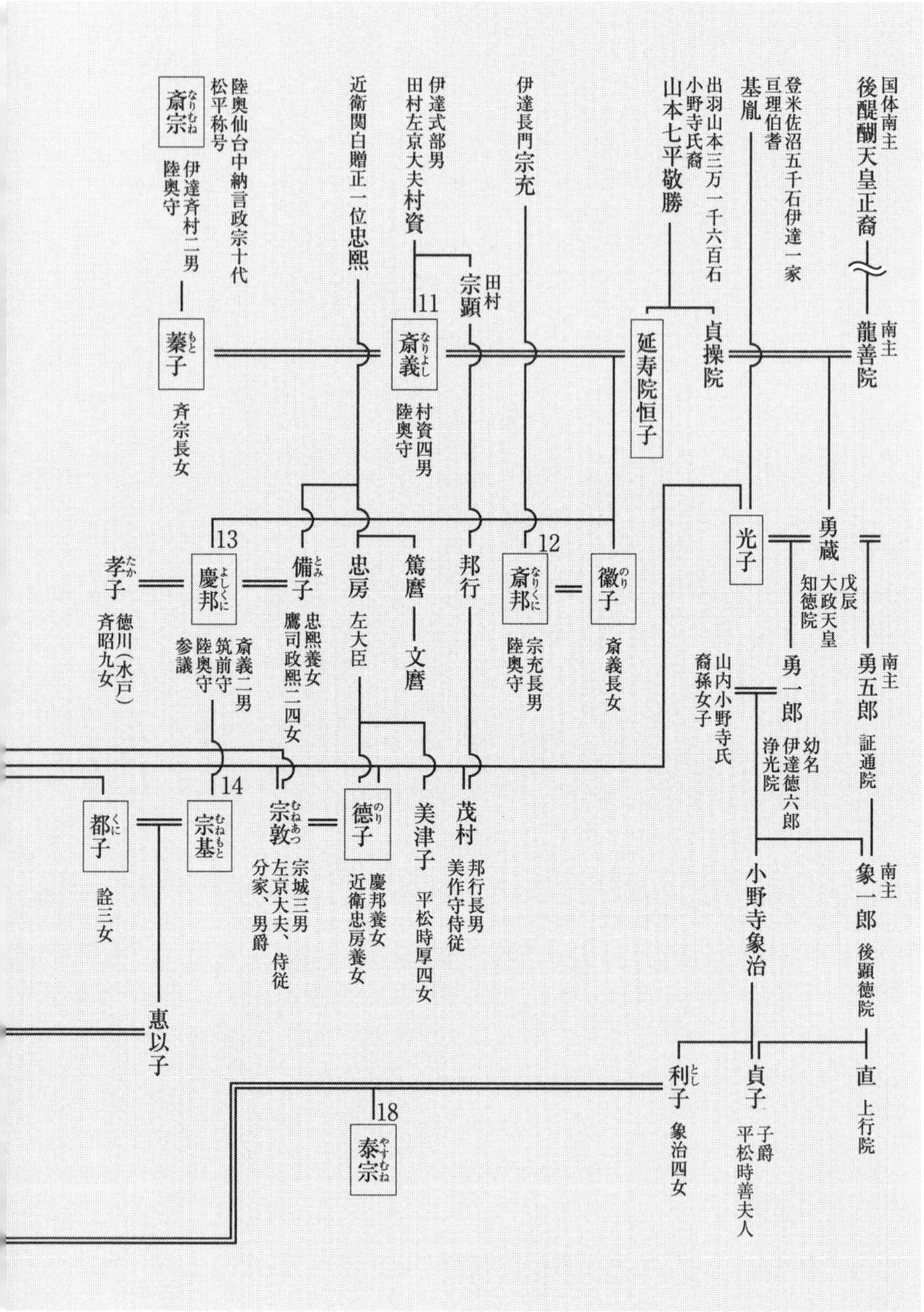
国体南主
後醍醐天皇正裔
登米佐沼五千石伊達一家
亘理伯耆
基胤
出羽山本三万一千六百石
小野寺氏裔
山本七平敬勝
伊達長門宗充
伊達式部男
田村左京大夫村資
近衛関白贈正一位忠熙
陸奥仙台中納言政宗十代
松平称号
斎宗《なりむね》
伊達斉村二男
陸奥守
南主
龍善院
貞操院
延寿院恒子
田村
宗顕
11
斎義《なりよし》
村資四男
陸奥守
蓁子《もと》
斉宗長女
勇蔵
戊辰
大政天皇
知徳院
光子
12
斎邦《なりくに》
宗充長男
陸奥守
徽子《のり》
斎義長女
邦行
篤麿
文麿
忠房
左大臣
備子《とみ》
忠熙養女
鷹司政熙二四女
13
慶邦《よしくに》
斎義二男
筑前守
陸奥守
参議
孝子《たか》
徳川(水戸)
斉昭九女
南主
勇五郎
証通院
勇一郎
幼名
伊達徳六郎
浄光院
山内小野寺氏
裔孫女子
茂村
邦行長男
美作守侍従
美津子
平松時厚四女
徳子《のり》
慶邦養女
近衛忠房養女
宗敦《むねあつ》
宗城三男
左京大夫、侍従
分家、男爵
14
宗基《むねもと》
都子《くに》
詮三女
恵以子
南主
象一郎
後顕徳院
小野寺象治
直
上行院
貞子
子爵
平松時善夫人
利子《とし》
象治四女
18
泰宗《やすむね》

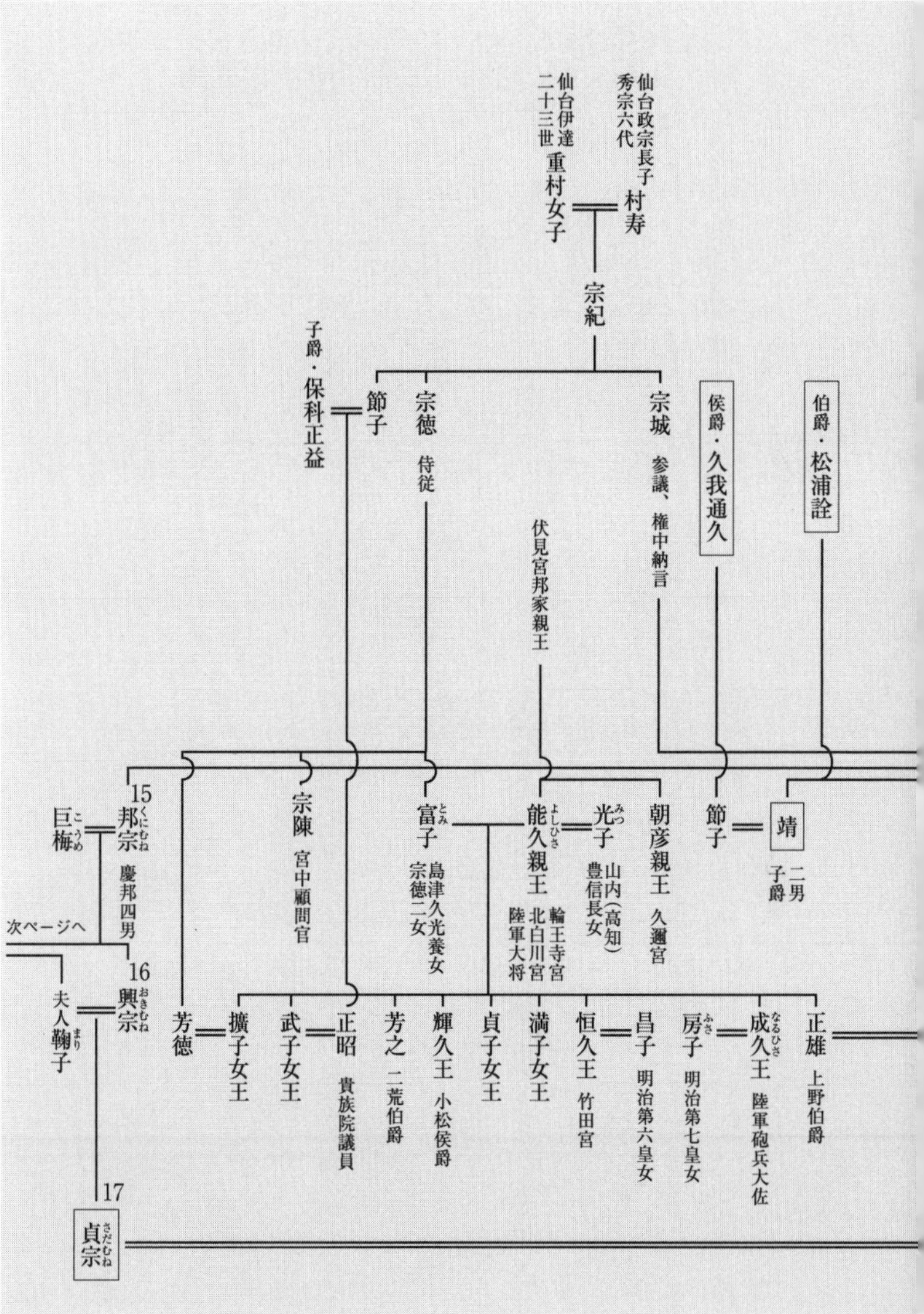
仙台政宗長子 秀宗六代 村寿
仙台伊達 二十三世 重村女子
宗紀
伯爵・松浦詮
侯爵・久我通久
宗城 参議、権中納言
宗徳 侍従
節子
子爵・保科正益
伏見宮邦家親王
靖 二男 子爵
節子
朝彦親王 久邇宮
光《み》子 山内(高知)豊信長女
能久《よしひさ》親王 輪王寺宮 北白川宮 陸軍大将
富《とみ》子 島津久光養女 宗徳二女
宗陳 宮中顧問官
15 邦宗《くにむね》 慶邦四男
巨梅《こうめ》
次ページへ
16 興宗《おきむね》
夫人鞠《まり》子
正雄 上野伯爵
成久《なるひさ》王 陸軍砲兵大佐
房《ふさ》子 明治第七皇女
昌子 明治第六皇女
恒久王 竹田宮
満子女王
貞子女王
輝久王 小松侯爵
芳之 二荒伯爵
正昭 貴族院議員
武子女王
擴子女王
芳徳
17 貞宗《さだむね》

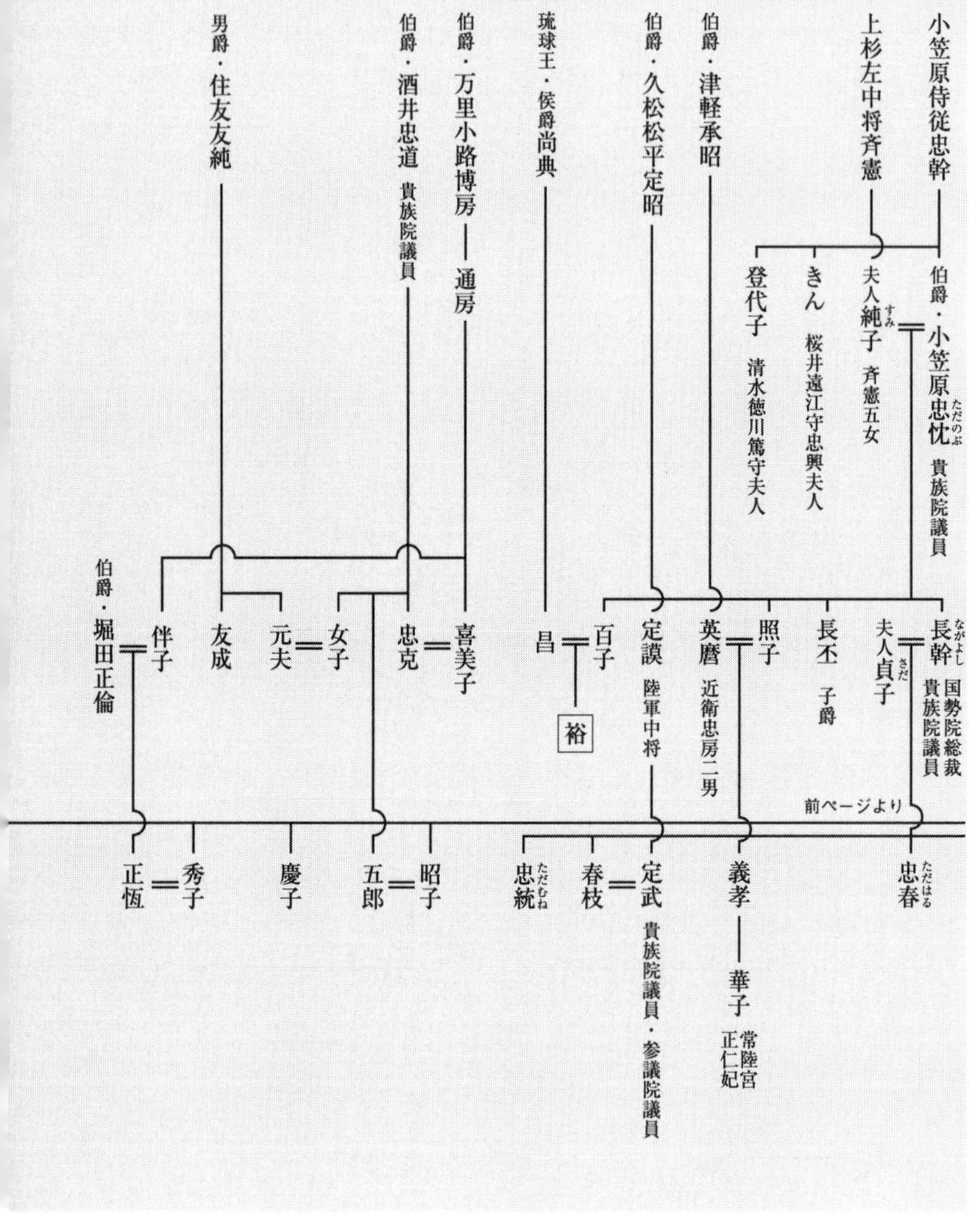
小笠原侍従忠幹
上杉左中将斉憲
伯爵・小笠原忠忱《ただのぶ》 貴族院議員
夫人純《すみ》子 斉憲五女
きん 桜井遠江守忠興夫人
登代子 清水徳川篤守夫人
伯爵・津軽承昭
伯爵・久松松平定昭
琉球王・侯爵尚典
伯爵・万里小路博房
通房
伯爵・酒井忠道 貴族院議員
男爵・住友友純
長幹《ながよし》 国勢院総裁 貴族院議員
夫人貞《さだ》子
長丕 子爵
照子
英麿 近衛忠房二男
定謨 陸軍中将
百子
昌
裕
喜美子
忠克
女子
元夫
友成
伴子
伯爵・堀田正倫
前ページより
忠春《ただはる》
義孝
華子 常陸宮正仁妃
定武 貴族院議員・参議院議員
春枝
忠統《ただむね》
昭子
五郎
慶子
秀子
正恆

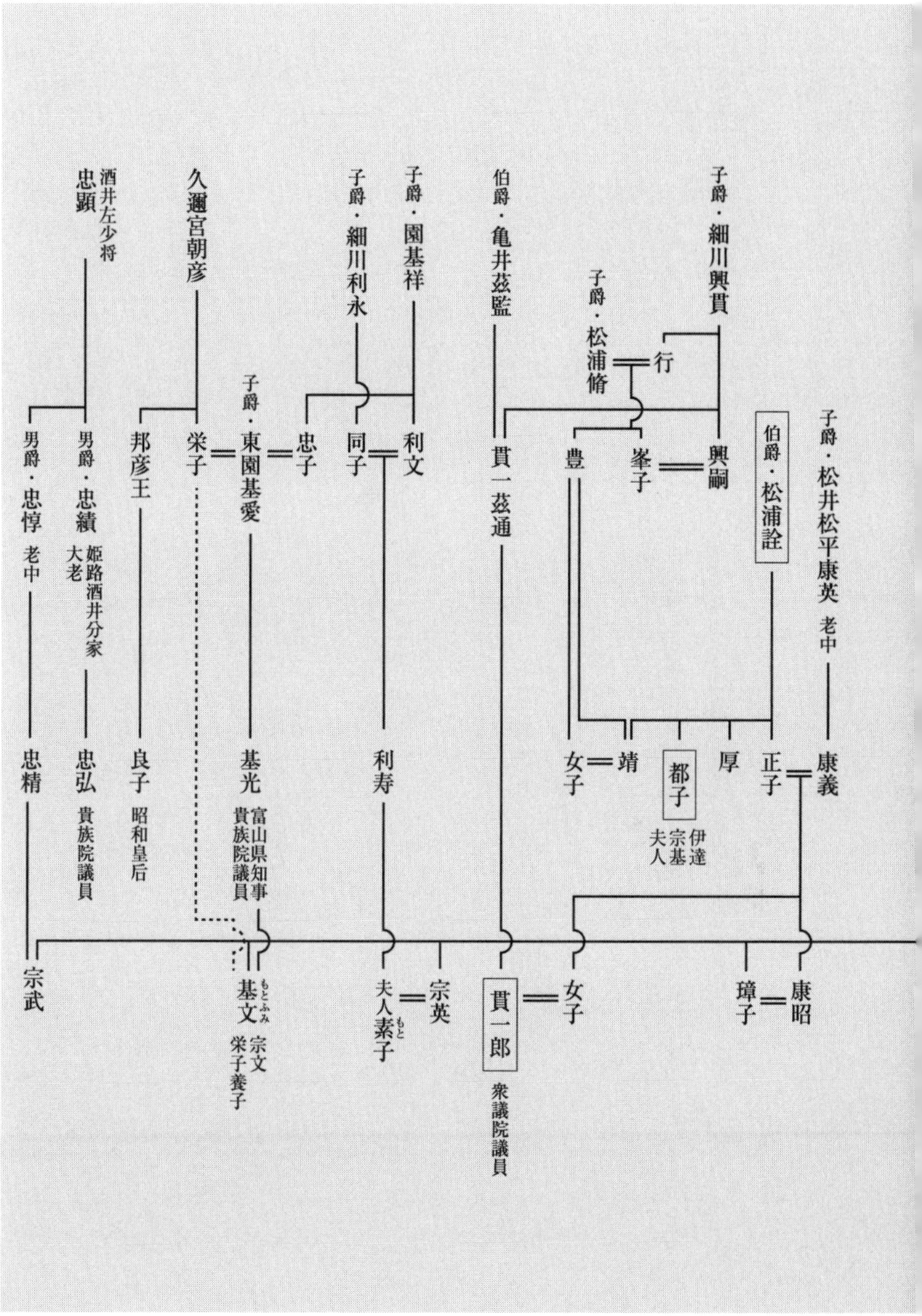
子爵・細川興貫
子爵・松浦脩
行
興嗣
峯子
豊
伯爵・松浦詮
子爵・松井松平康英
老中
康義
正子
厚
都子
伊達宗基夫人
靖
女子
康昭
璋子
女子
伯爵・亀井茲監
貫一茲通
貫一郎
衆議院議員
子爵・園基祥
利文
子爵・細川利永
同子
利寿
宗英
素子《もと》
夫人
忠子
子爵・東園基愛
基光
富山県知事
貴族院議員
基文《もとふみ》
宗文
栄子養子
久邇宮朝彦
栄子
邦彦王
良子
昭和皇后
酒井左少将
忠顕
男爵・忠績
姫路酒井分家
大老
忠弘
貴族院議員
男爵・忠惇
老中
忠精
宗武

○弟・邦憲王《くにのりおう》
賀陽宮《かやのみや》家を興し、父に次いで伊勢皇太神宮祭主となった。

○妹・栄子《さかこ》女王
堂上華族の子爵である東園基愛《ひがしそのもとなる》氏に嫁ぎ、伊達慶邦の孫・宗文《むねふみ》氏（東武天皇陵墓を著者の父に返還した邦宗氏の子）を養子として基文《もとふみ》と改名させる。基文は東園家の家督を継ぎ、昭和天皇（政体帝）の皇太子の東宮傅育官《とうぐうふいくかん》、東宮侍従、宮内庁掌典《しょうてん》長、神社本庁統理《とうり》（神社本庁を総理し、代表する役職）に就任する。

〔注〕しかし、著者が起こした平成十五年（二〇〇三）十二月二十五日「動産所有権確認等請求事件」が平成十五年（ワ）第二九八一九号事件として東京地方裁判所民事部で受け付けになると、文化庁発行『宗教年鑑』の平成十五年版（平成十六年一月三十一日発行）で、東園基文が神社本庁の統理であることは誤りとして訂正されています。著者が起こした裁判が影響を与えたのでしょうか。

○弟・守正王《もりまさおう》
梨本宮《なしもとのみや》を継ぎ、陸軍大将、元帥となった。

○弟・多嘉王《たかおう》
伊勢皇大神宮（内宮）祭主となった。

○弟・鳩彦王《やすひこおう》
朝香宮《あさかのみや》家を興し、明治帝の八女・允子《のぶこ》女王を夫人として陸軍大将となった。

○弟・稔彦王《なるひこおう》
東久邇宮《ひがしくにのみや》家を興し、明治帝の九女・聰子《としこ》女王を夫人として陸軍大将となり、敗戦直後には内閣総理大臣を務めた。

○輪王寺宮公現法親王
明治政体府から「東武皇帝に即位した人物」と盛んに宣伝される。戊辰戦争後、京都の生家・伏見宮邸で十カ月間の謹慎の後、伏見宮家に復籍。

明治五年（一八七二）、弟・智成《さとなり》親王の北白川宮家を継ぎ、さらにドイツに留学、明治十一年（一八七八）に親王に復帰し、能久《よしひさ》親王に改名。明治二十八年（一八九五）、近衛師団長、陸軍中将として台湾に出征し、病死。

二回目の結婚相手は、宇和島伊達宗徳《むねえ》の二女・富子。

○長子・成久王《なるひさおう》
明治帝の七女を夫人とした。陸軍砲兵大佐のときに事故死。
○弟・恒久王《つねひさおう》
竹田宮家を興し、明治帝の六女を夫人とする。陸軍少将となり、皇典講究所総裁となった。
○弟・芳之
二荒《ふたら》伯爵家を興し、宇和島伊達宗徳の九男を養子とした。
○弟・正雄
上野伯爵家を興し、夫人は仙台伊達慶邦（東武天皇を奉戴）の孫・恵以子《えいこ》で、海軍少将となった。

以上のように、**明治天皇の子供たちのほとんどは、奇妙なことに、戊辰戦争で明治府と戦った仙台伊達家、あるいはそれに与《くみ》したとされる久邇宮家と縁組みしているのです。**こうして、戊辰戦争における正統皇としての東武天皇即位事件は、一切が闇に葬られてしまいました。
その後、五十年を経た大正八年（一九一九）十月、「宮中某重大事件」のとき、一部で話題になりました。宮中某重大事件とは、昭和天皇の皇太子時代、妃決定をめぐって、久邇宮邦彦王の長女である良子女王が皇太子妃に内定していましたが、元老・山県有朋《やまがたありとも》が「良子の母系の島津家に色盲遺伝がある」として反対を唱え、久邇宮家に辞退を迫り、のちに却下された事件です。ある資料（書名失念）には次のようにあります。

「山県有朋と久邇宮殿下の御先世との関係を案ずるに、邦彦王殿下の父王は朝彦王と申し奉り、孝明天皇の朝に皇眷《こうけん》を荷《にな》はせられて国事に尽瘁《じんすい》し給ひ、当時は中川宮尊融親王と称し給ひ、今大塔宮の令誉あり、長人は其嘗て長州征伐の議に与り給ひしことを銜《くく》み、維新の初年極めて隠微の事を言ひ、前として数年間之を広島に配流し奉り」

ここでは「邦彦王の父は朝彦王といい、孝明天皇のときに仁孝天皇の養子として国事に尽力された。当時は中川宮尊融親王と称し、今大塔宮とも呼ばれた。彼のかつての長州征伐の件を問題にし、維新の初期には刑に関して刑法官知事・判事は隠微なことを言い、数年間広島に配流された」と述べられています。

このように、**戊辰戦争の東武天皇即位事件の主謀者に対する追及は、いつしか中川宮朝彦親王の長州征伐に対する関与責任へと転嫁されてしまったのです。**東武天皇即位の件は明治政府にとって最も重大な事件ですから、「極めて隠微の事である」と「うやむや」にして、国民の目から隠してしまわなければならなかったわけです。

明治の持明院統の宮家には、久邇・北白川の両宮家以外に有栖川、華頂《かちょう》、閑院《かんいん》、小松、東伏見、伏見、山階《やましな》の各宮家が存在しています。また、維新の功労者と呼ばれる大名華族も多数ありました。

それにもかかわらず、明治天皇の娘の全員が、戊辰戦争で敵対したはずの朝彦親王の久邇宮、能久親王の北白川宮の二家に嫁ぎ、この二つの宮家は東武天皇を奉じた仙台伊達家と婚姻関係を結んでいるのです。

先に述べたように、東武官軍府への参加者はいずれも国事犯として明治政体府により重い処罰を受けています。それに比べれば、明治政府が東武天皇即位事件の主謀者と称する人たちに与えた処罰はあまりにも軽いものです。

「東武天皇は国体の正統皇であった大政天皇だった」という真実を、国民の目から隠すという裏取引に乗り、一役買ったからこそ、彼らは身の安全をはかることができたのではないでしょうか。

三つの文書の『東武皇帝閣僚名簿』に違いがある理由

『東武皇帝御守衛』（東武皇帝閣僚名簿）という記録があります。これは『仙台藩士文書』『蜂須賀家文書』『菊池《きくち》容斎《ようさい》記』という三つの文書に登場することでよく知られています。

この三つの文書を、仙台郷土研究会副会長の逸見英夫氏の文を抜粋しながら紹介します。

「昭和六十年六月三日、河北新報夕刊『天守台』の欄に、興味深い記事が書いてあった。

それは『〝幻の政府〟閣僚名簿』の見出しで、故郷右近馨さん方から、戊辰戦争さなかの、東北朝廷の政府閣僚名簿が見つかったことを報じたものである。郷右近さんが、五年前にある

世に東武皇帝閣僚名簿と称される「幻の政府」閣僚名簿（逸見英夫『〝幻の政府〟閣僚名簿——仙台藩戊辰史究明に好史料』より転載）。下は『前賢故実』に掲載された菊池容斎七十七歳のときの自画像

旧仙台藩士のお宅から引き取った史料の中に、挟まれてあったものだという。縦二四センチ、横三三センチの和紙一枚の文書である。（中略）

この〝幻の政府〟の存在を最初に示唆したのは、滝川政次郎博士である。昭和二十五年に出版された『日本歴史解禁』の『第五編北陸朝と東北朝　第九章公現法親王の即位』の中で、明治憲政史の研究者故尾佐竹猛氏が、博士に『公現法親王は、奥羽越列藩同盟に推されて天皇に即位された』と話したことを紹介し、それを確認する資料が見つからないと述べている。

それから二年後に武者小路穣氏が、大政改元と東武皇帝即位を示す、菊池容斎史料を発表した（『史学雑誌』）。菊池は勤皇画家で、また『前賢《ぜんけん》故実《こじつ》』を著した歴史に造詣の深い人である。続いて昭和四十二年に故鎌田永吉氏が、文部省史料館（現・国立国文学研究資料館）蔵『蜂須賀家文書』に収録されてあった、東武皇帝即位の史料を発表した（『秋田大史学』）。郷右近氏所有の『閣僚名簿』は、菊池・蜂須賀史料に次いで世に出た三番目の史料である。しかも前二書と異なり、戦乱の渦中に身を挺した仙台藩士の家に伝わるものだけに意義がある。三つともかなり異同がある。（中略）この第三の『〝幻の政府〟閣僚名簿』の出現によって、今後仙台藩戊辰史の究明の上で、無視できない史料となろう」（「〝幻の政府〟閣僚名簿——仙台藩戊辰史究明に好史料」『仙台郷土研究』二三六号所収より）

「三つともかなり異同がある」という表現があるように、実際に『仙台藩士文書』を土台としてほかの二つの文書を調べていくと、誤字、当て字がいかに多いかがわかります。紙面の都合で詳細な解説は省きますが（詳細については拙著『世紀の敗訴　失われた宝と復活した正史』を参照ください）、わかりやすい間違いだけを取り上げてみます。

これによって、輪王寺宮が東武天皇でない事実が浮かび上がってきます。

当時、輪王寺宮は天台宗の僧侶で、妻帯禁止の立場だったにもかかわらず、妃の記載があります。

輪王寺宮は明治二年（一八六九）九月に謹慎を解かれ伏見宮に復籍し、公現王として還俗、翌年十一月、能久《よしひさ》王と改名しました。能久親王が結婚したのは戊辰戦争から十年も経過した、明治十一年（一八七八）です。その夫人は土佐の山内少将豊信《やまうちしょうしょうとよしげ》の娘で、光子でした。

ちなみに、能久王は光子とは明治十八年（一八八五）十一月五日に離婚し、伊達慶邦と関係の深い、宇和島の伊達宗徳の二女・富子と再婚しています。富子は鹿児島の公爵・島津久光の養女となり、能久親王に嫁いだのです。

また、山内光子の妹に山内八重子という女性がいます。

八重子は伏見宮邦家《くにいえ》親王の第十七男子である、小松宮依仁《よりひと》親王に嫁ぎましたが、明治二十九年（一八九六）に離婚しています。この八重子と再婚した子爵・秋元興朝《あきもとおきとも》氏は「戊辰戦争は南北朝の対立である」と明言しています。

真実の東武天皇（＝大政天皇・知徳院）には妃がいました。仙台伊達慶邦養女の光子です。

その光子を『仙台藩士文書』では、「御妃、娥后《こうごう》（皇后）、女御、慶邦養女」とだけ記しており、出自は示されていません。また、『蜂須賀家文書』では、「一条関白御女、仙台慶邦養女」と、具体的に出自を明らかにしていますが、名前の記載はありません。

故実に明るい『菊池容斎記』では、「皇后、光、仙台慶邦公養女、実は一条関白の御女也」と、皇后の出自と名前を「光」だと明らかにしていますが、その記録には誤字・脱字の混乱が多数あります。

「光」は正しくは「光子」であり、出自は「一条関白の御女」ではなく、その生家は仙台藩領佐沼五千石、伊達一家の亘理《わたり》家で、「仙台慶邦養女」です。

『蜂須賀家文書』や『菊池容斎記』にいう一条関白とは一条左大臣忠香《ただか》のことで、その娘・美《はる》子《こ》は明治帝の皇后となり、のち昭憲皇太后と呼ばれます。この美子は明治元年（一八六八）十二月二十八日立后であり、この件と混乱して書かれたものと思われます。

その原因は伊達慶邦の夫人は近衛関白忠熙《ただひろ》の養女・備子《みつこ》（実は鷹司関白政熙《まさひろ》二十四女）であり、一条忠香の息（息子）、すなわち美子の兄の右大臣實良《さねよし》の夫人も忠熙の娘・總子《ふさこ》で、伊達慶邦と一条實良の夫人は姉妹であり、ここが混乱の原因と考えられますが、誤りは誤りであって真実ではありません。

一条氏の中には醍醐《だいご》家が存在します。この醍醐家は後醍醐天皇とはまったく関係がありませんが、菊池容斎は醍醐家を後醍醐天皇の裔孫《えいそん》と勘違いし、誤解してとらえていたのではないかと思われます。

つまり、『仙台藩士文書』『蜂須賀家文書』『菊池容斎記』という三つの文書の『東武皇帝御守衛』（東武皇帝閣僚名簿）に違いがあるのは、東武皇帝の東武朝廷府と、輪王寺宮を軍事総督とした公議府の二つの組織が混同して記録されているからでしょう。

東武朝廷府はかつて吉野朝廷の忠臣の家柄であった仙台の伊達氏、一ノ関の田村氏、そして、その与力《よりき》として、同じく南朝の忠臣であったといわれる盛岡の南部氏、八戸の南部氏、庄内の酒井氏でした。ほかは仙台藩の勢力を過信し、無節操に仙台藩を頼みにして自己保身のために集まった烏合《うごう》の衆の列藩だったのです。

そして、公議府とは会津松平氏とその弟の桑名藩主・松平氏や幕府の元老中で唐津藩の小笠原長行、備中松山藩主で桑名の松平定永の八男であった板倉勝静《かつきよ》らを含む、旧幕府の勢力を中心とした集団でした。

それぞれの思惑が一致しないまま、東武官軍は瓦解《がかい》してしまったのです。

『ニューヨークタイムズ』天皇記事の奇妙な点

次に、明治元年（一八六八）十月十八日付『ニューヨークタイムズ』に掲載された記事を一部要約して紹介しましょう。

「日本からの政治的ニュースの最も重要な事項は、高僧の一人である Ooeno Mia 様である。北部、または大君（徳川慶喜）の徒党による擁立、この動きにより現在、日本には二人の天皇が存在している。その目的が達成されたとき、彼は再び宮様になり、真の帝《みかど》の掌中に権力が入るだろう」

「二人の帝」とは、もちろん、明治大行天皇と東武皇帝のことを指していますが、全体的に内容が混乱して、意味不明の文章となっています。しかし、この記事は外国人記者が勝手に想像して書いたものではありません。明治政体府の発表と日本の新聞の記事をもとに書かれたものです。いくつかの奇妙な点を挙げてみます。

① 小野宮（＝大政天皇・南主知徳院）と上野宮を同一視して表現している

「高僧の一人であるおおえの宮（Ooeno Mia）様」

この表現ですが、Ooeno Mia を上野宮と発音するのであれば、大政天皇は「王佛冥合・立正安国」を主張した日蓮法華の正統座主として「寂光院」と称し、幕末江戸の上野に居住していました。

また、大政天皇の祖父は圓藏院法皇（富柳蝶眞《ふりゅうちょうしん》）です。圓藏院法皇は、東京都台東区谷中にある領玄寺宝塔に「東山《ひがしやまと》戸衛八《えいはち》富柳蝶眞」と刻まれているように、東叡山《とうえいざん》、つまり、上野に住んでいました。ですから、その孫の大政天皇が「南朝の上野宮」と呼ばれるのは特に不思議ではありません。

これに対して、輪王寺宮は寛永寺貫主《かんじゅ》と日光山《にっこうさん》輪王寺門跡《もんぜき》を兼務していますが、同じ上野にあっても正式な呼び名は日光山輪王寺公現入道《こうげんにゅうどう》親王です。

そもそも明治維新は、持明院統府を国体南朝府と誤認した西郷隆盛と岩倉具視が手を結び、岩倉らによって偽綸旨《りんじ》が作られ、その偽りの令旨をもとに動き出しています。あとになって、彼らは本来助けるべきだった国体の南朝府と敵対してしまったことに気づくのです。

②とっくに軍事総督でなくなった輪王寺宮を報じているのはなぜか?

明治元年に起こった戊辰戦争の後半から、『ニューヨークタイムズ』に報道されるまでの経過を示してみます。

JAPAN.

Northern Choice of a New Mikado—Persecution of Christians—Anti-Foreign Sentiment—Americans in the Japanese Service.

The most important item of political news from Japan is the election by the Northern or Tycoon faction of a new Mikado, Ooeno Mia Sama, one of the high priesthood. By this action there are now two Mikados in Japan, the former Mikado still holding power in the South. The Japan Gazette says: "The explanation we receive of the appointment of a new Mikado is, that it is not absolutely to displace the other, but as an authoritative chief to direct the action of the Northern combination, who still, if we understand aright consider the original Mikado as the true head of the country. Ooeno Mia Sama is his uncle. It is he, and not Arisugawa Mia Sama, who first came to Yeddo to arrange matters for the new Government; but who, when he saw the real state of feeling among the people, upheld the right of the Tokugawa, and originated the demand on the Mikado that he should return to Kiota, and confine himself to his proper functions. We do not quite clearly comprehend all explanation given us, but it seems to be the opinion of Japanese who are well educated and generally well posted in the politics of the day, that he will act independently—issuing orders and conferring dignities and appointments, but that when all is attained for which the Shin-Kanguns fight, he will again become simple Mia and place all the power in the true Mikado's hands.

一八六八年の『ニューヨークタイムズ』記事。東武皇帝を「New Mikado」としている

九月八日　政体府、明治と改元する。
　十日　仙台藩降伏の議あり。
十五日　軍事総督の輪王寺宮が新政府軍に降伏。
二十四日　仙台藩主の伊達慶邦、亘理《わたり》（現在の宮城県亘理郡亘理）に至り降伏する。
十月四日　新政府軍の将・四條隆謌《たかうた》、仙台城に入部して、奥羽鎮守府《ちんじゅふ》（軍政を司る役所）を開く。
十二日　輪王寺宮、仙台を発し京都に護送される。
十八日　『ニューヨークタイムズ』で「二人の帝の事件」が報道される。

二人の帝の一人、つまり、東武皇帝が輪王寺宮だとすれば、この時系列から見ても、『ニューヨークタイムズ』が記事にした時点では、輪王寺宮はすでに帝としては存在していないことになります。しかも、輪王寺宮は記事が出る三十三日も前の九月十五日に捕らわれの身となって謝罪しています。明治政体府が事件の首謀者とした中川宮は流罪とされ、すでに事件は終結しているのです。

③報道の内容が事実と相違

要約には書きませんでしたが、『ニューヨークタイムズ』の報道では、

「新官軍（東武官軍）は戦うために位階を授与したりしない」

と報じています。

しかし、「軍事総督」「権征夷大将軍」「総副将軍」「陸奥国探題」「出羽国探題」「執政」「新中将」などは官職であり、伊達慶邦の「新三位」は位です。東武官軍はこれらの位階を授与しています。

明治政体府は外交上の必要から、戊辰に即位した大政天皇が「明治大行天皇の叔父に当たる輪王寺宮であった」と盛んに虚報を流しました。しかし、記事の中でも外国人記者がこう書いています。

「我々は正しく、十分に理解することがまったくできない。我々に与えられた説明は、悩みの種である」

それは当然であり、明治政体府の発表はまったく不可解なものとなっています。その目的は「国体天皇である大政天皇の存在を消し去る」ことにあったからだと思われます。

戊辰戦争の実態を隠すため、南朝の菊紋を伏見宮分家が使用した

天皇の即位には「三種の神器」の継承がなければなりません。我が国の天皇は外国の王と異なり、

「天に二日なく地に二王なし」
という思想の中心に位置されています。つまり、天皇は一人しか存在しないということです。「三種の神器」の中でも、特に重要な「神璽《しんじ》」（勾玉）を正統に継承した皇統の人が「帝《みかど》」であり、天皇と称されます。それゆえに、神璽は唯一無二であり、神璽が本物か偽物かを別とすれば、歴史の中で、それを所持している可能性があるのは、これまでに述べてきたように、「大覚寺皇統」と「持明院統」の二流のみです。

明治政体天皇と輪王寺宮公現入道親王は持明院統における「甥と叔父」の関係です。なぜかというと、公現入道親王は伏見宮邦家親王の息として生まれ、明治大行帝の祖父、仁孝帝の養子となったからです。

伏見宮に生まれた男子は時の持明院統の政体帝の養子となるのが後花園院以来の慣習となっていました。その原因は、後花園院は伏見宮貞成王の嫡男であったが曽祖父・興仁《おきひと》王が後村上天皇方に捕らわれたとき、我と我が子孫は帝位の競望《けいぼう》あるべからざるの申し入れをして助命を乞い、免ぜられたからです。そのため政体皇統をも継げず、彦仁王は後小松院の猶子《ゆうし》となって政体即位し後花園院と称されたことから、伏見宮男子は政体皇の養子になる慣習が成立したのです。

こうした関係であり、同時に持明院統内で二人が別々に神璽を持ち、しかも同時に天皇として即位することなど、絶対にありえないのです。

正当な神璽は一組しか存在しません。また実際に輪王寺宮が即位したならば、持明院統における『皇統譜』は、

「百二十一代・孝明天皇、百二十二代・輪王寺宮（天皇）、百二十三代・明治天皇」

と示されなければいけませんが、

「百二十一代・孝明天皇、百二十二代・明治天皇、百二十三代・大正天皇」

とあり、現在の『皇統譜』には東武天皇の存在さえ示されていないのです。

さらに、もう一つおかしな点があります。

戊辰戦争で即位した「東武天皇」は、北朝元号の「慶応四年」を「大政」と改元しています。改元の大権は天皇のみが持つものです。

それならば、「大政」への改元は、大政天皇が東武天皇と呼ばれていたからこそ、その名を取って付けられたと考えるのが自然ではないでしょうか。

また、戊辰戦争で使われた東武官軍府の貨幣（通称・会津銀判）もその裏づけとなります。「一両・二分・一分」の貨幣の表には、東武天皇の印である「菊の葉添《はぞえ》の十六単弁菊花紋」が刻まれています。

この菊の葉添の十六単弁菊花紋は、江戸期に南主である長寿院（小野寺左京）が幕府の大弾圧で「菊の葉」となし、その孫・圓藏院様に至って菊の葉添の十六単弁菊花紋とし、以降、南主の替紋《かえもん》（定紋《じょうもん》の代わりに使った紋。裏紋）として用いた特殊な菊紋です。

破壊された著者の先祖の墓碑台座に刻まれた菊花紋（根古屋東光寺にあったもの）

輪王寺宮の家紋も同じ菊ですが、まったく違う「複弁菊花紋」です。もし、輪王寺宮が東武天皇なら、東武官軍の貨幣には複弁菊花紋が使われているはずです。

ちなみに、十六単弁菊花紋は、持明院統では歴史的に一切用いられていませんでした。ところが、明治八年（一八七五）、伏見宮から分かれて成立した久邇宮《くにのみや》、明治三十三年（一九〇〇）五月に久邇宮から分かれて成立した賀陽宮《かやのみや》、同じく明治三十九年（一九〇六）三月に久邇宮から分かれて成立した朝香宮《あさかのみや》、同年十一月に成立した東久邇宮の各家では、南主の替紋に類似の菊紋を用いています。

その目的は、東北や北陸に残された戊辰戦争史の実態を、明治政体府が闇に葬るためでしょう。あくまでも「久邇宮家を戊辰戦争の首謀者」として久邇宮家の紋を正統皇の印に似せてつくり、東武天皇を輪王寺宮と結びつけるように宣伝したのでしょう。

大政天皇は民間に隠れ、新政府に反抗した人々は被差別民となった

仙台藩では戊辰戦争で約千三百人の武士たちが戦死しました。

先に述べたように、奉行の但木土佐・坂英力時秀の両名は東京で刎首《ふんしゅ》。戦後処理に当たっていた和田織部、玉蟲左太夫、若生文十郎、安田竹之輔ら七名は仙台で処刑。葦名靭負、大槻磐渓、松本要人、細谷十太夫、大童信太夫以下、大勢の藩士が明治府の発足にともない家名や家禄が没収されました。

「白河越えれば一山百文」(白河より北は作物もできないような不毛な地だ)などと馬鹿にされ、東北は近代産業の開発から長く取り残されました。

明治政体府の理不尽な暴力のみならず、家名・家禄、生活の手段までを奪われ、ほかの地域の被差別部落以下の経済的貧困に落とされ、その貧困ゆえに差別を受けざるを得なくなった人々が東北には多数います。

当然、国体の大政天皇府に参加した奥羽・越三十一藩、桑名藩や、九州唐津藩、直参旗本な

どでも、多数の士族が族籍《ぞくせき》（華族・士族・平民などの身分）、家禄を没収され、追放されました。諸藩の家中には脱藩して行方をくらました者も多くいます。当時は、脱藩者と交際しただけで族籍・家禄は没収され、生計の道を断たれたほどでした。

一方で、明治政体府創設の大功労者として、終身禄百石となった江藤新平や島義勇《よしたけ》も数奇な運命をたどっています。明治七年（一八七四）に起きた、明治政体府に対する士族反乱である「佐賀の乱」で、梟首《きょうしゅ》（さらし首）となったのです。

真の東武皇帝である大政天皇（知徳院）はその後、明治政体府より国事犯として追われる身となりました。大政天皇にとって、戊辰戦争後には社会のどこにも安住の地はありませんでした。生きるためには事実を伏せ、巷に隠れ、民間に新たに戸籍を得るほかに生きる術《すべ》がありません。

建武の中興の前夜に、後醍醐天皇が幕府に敗れ、

「さして行く　笠置《かさぎ》の山を　出《いで》しより　あめが下には　隠れ家もなし」

（目指して行った笠置山が落ちてからは天下には身の置き所がない）

と歌われましたが、それ以上の困難でした。

そこで、大政天皇は出家して「寂光院」と号して民間に隠れました。

一時、熊野地方（三重県）にも身を寄せましたが、南朝天皇がこの地を訪れるのはほぼ百年ぶりだったので、地元では逆に目立ってしまいました。そこで、「木は林に隠せ」の言葉の通り、

染井吉野《ソメイヨシノ》の桜を生んだ、駒込（東京都文京区）にある仙台伊達慶邦の隠居屋敷に匿《かくま》われました。

さらに、明治政体府の探索を逃れるため、己が亡くなったことにして、東京高輪・東禅寺にある仙台伊達家の墓所の中に、自らの墓所をつくりました。死んだとなれば、明治政体府としても追いようがないからです。

その墓には正面の石の扉に燦然《さんぜん》と輝く、十六単弁菊花紋金具をつけた石棺が置かれ、石棺の内にはのちに港区が重要文化財に指定した青銅製の「納骨器」を納めました。

明治二年（一八六九）になって、明治政体府は太政官布告《だじょうかんふこく》・一九五号（明治初期の法令）をもって天皇の紋章として「十六弁八重表菊紋」を定め、そのほかの皇族方の紋章は「十四弁一重裏菊紋」と決めます。その後、明治四年（一八七一）には皇族以外の菊花紋の使用が禁止されましたが、戦後は解禁されています。

著者の玄祖父・大政天皇の墓室から平成六年（一九九四）一月二十一日に出土した石片から復元した石棺の中に納められていた青銅製「納骨器」（港区重要文化財）

皇族以外の菊花紋使用が禁止となった時期、東禅寺にある仙台伊達家の墓所に明治府の官憲がやってきて、大政天皇の墓所は破壊されました。これは儒教思想でいえば極刑とされる「剖棺斬屍《ブグァンチャムシ》」（死後、墓を暴いて再び殺す刑）であり、とても残酷な行為です。

その後、大政天皇の埋葬品の一切と墓石は、仙台伊達家によって東京・港区芝白金台の瑞聖寺《ずいしょうじ》にある伊達綱村（『伊達正統世次考』を著し、南朝の正統を明らかにした）の子息の墓所に移され、その墓の中に保存してありました。

明治政体府から追われる身となったのは、大政天皇だけではありませんでした。実はこれが近代同和問題の根底でもあります。

同和問題の一部は戊辰戦争の敵・味方という関係にさかのぼるのです。明治政体府は負けた東武朝廷府側についた大名の主要な家臣たちをも許しませんでした。

明治政体府に反抗した勢力は、関係者全員を含めれば、東北だけではなく全国に広がっています。そこで、負けた側に立った人たちは家を捨て、新しい土地で新たな姓を名乗って生活を始めたのです。

一方、政府は戸籍を作らせて、彼らを徹底的にチェックしました。

政府の目が光っているとなると、生活しやすい場所に逃げなければなりません。そこで、彼らがたどりついた場所は炭鉱でした。

当然ながら、そこには全国から人がたくさん集まり、ひそかに反権力の力を蓄えるようになっていきました。そうして、彼らが被差別部落の人たちの一部を形成していくことになったわけです。

戊辰戦争当時の流行歌があります。

「日の旗は　西より上る　さにあらず　しんの日輪　東より出づ」

（本当の天皇の旗は西からではなく真の天皇は東にいる人〔東武天皇〕である）

「世につれて　しばし流は　濁れども　早すみわたる　徳川の水」

（徳川将軍の流れはときどき道をはずすこともあったけれども、今度は徳川の水は澄み渡るであろう）

東武皇帝は国体の正統天皇として、人々から日輪にたとえられ、支持されました。それゆえに明治政体府（＝簒奪《さんだつ》府）から追われ、明治二年（一八六九）、駿東にあった南主の歴代の廟所までもが徹底して破壊される運命をたどることになるのです。

しかし、この不法を堪え忍ぶほかありませんでした。

東武官軍の参加者は無籍者となって逃げ回るか、新たに戸籍を取得した

明治政体府は明治四年（一八七一）四月五日、「全国戸籍法」を施行しました。国立公文書館のサイトでは、以下のように解説されています。

「明治四年四月、戸籍法が制定され、それまで各府県ごとに行われていた戸籍作成に関する規則が全国的に統一されました。戸籍法は、翌年に全国的戸籍を作成することを命じましたが、それによって作成された戸籍を『壬申戸籍《じんしんこせき》』と言います。戸籍法により戸籍区が設けられ、各区に戸長が置かれ戸籍関係事務にあたることとされました」

また、太政官《だじょうかん》布告をもって、同年八月、「穢多《えた》・非人」の呼称をすべて廃し、「平民」とする旨が発表されました。しかし、この新たな「戸籍法」という制度の裏側にある真実は、語られてきませんでした。

この戸籍法はそれ以前の二つの時代の流れを汲む性質がありました。

安土桃山時代、豊臣政権が所領を詳しく調査するため、百姓・町人を対象として作った「人《にん》別帳《べっちょう》」がその一つです。年齢、家族構成などの調査が行われました。

もう一つは、次の政権の徳川幕府による、「宗門人別改帳《しゅうもんにんべつあらためちょう》」です。これは、江戸開府と同時に「キリシタン」や、日蓮宗の正統である「不受不施義」（第1章を参照）を禁制とするために

設けた「宗門改帳《あらためちょう》」を発展させ、「宗門人別改帳」とした流れを汲むものでした。

この「宗門人別改帳」により、庶民の信仰宗教から、戸主を筆頭に家族成員、奉公人などに至るまで調査され、台帳に記載されました。台帳から除外されることは「帳外」といい、戸籍から放り出されることは「ほいと（放戸）」といわれました。

放戸になってしまった人は「無宿者」「乞食」「乞児《かたい》」と呼ばれました。

彼らは生きるために、非人と呼ばれる賎民に身を落とさざるを得ませんでした。戊辰戦争の敗者もまた、彼らと同様に、戸籍を捨てざるを得なかったのです。

明治政体府は戊辰戦争の結果、帳外とならざるを得なかった人々の一部を、「穢多某の何」、あるいは「非人某の何」と記載し、新たな戸籍簿を作成していきました。その後、それを「新平民某」と書き直し、行政の一部では帳別によって、帳外の人々を判別できるようにしました。

明治政体府はこのとき、戸籍設定の目的を、

「戸籍人員を詳《つまびらか》にするは人民保護のためにして、政府の要務、其の保護すべき人民を詳せずして、其の保護すべき事を施する事を得んや。是れ戸籍を詳にし、各安康を得さしむるの基にして……」

と発表しましたが、その本当の目的は明らかにそれとは違います。

「全国戸籍法施行細則」ともいうべき、戸籍の「別紙」があります。戸籍には載せにくい内容のため、戸籍に印をつけて、意図的に別紙を作成したのです。

この「別紙」の「第七則」には、
「脱走の者これ有る時、速《すみやか》に届出べき儀に候へども、捜索の間もこれ有こと故、精々吟味をとげ、当日より十五日を限り届出べき事」（脱走者が出たときはすぐに届けなさい。捜索中でも十五日以内に届けなさい）とあります。

また「第八則」には、
「届けでなくして出県を禁ず。帰県の節は着日より三日間を越へる可《べ》からざる事」（届がなければ県を出られない。また三日以内に戻ること）

と規定していて、民衆の自由な往来さえも完全に奪っています。**これは門閥《もんばつ》（家柄）を捨て、巷に身を隠した戊辰戦争の国事犯を炙《あぶ》り出す手段の一つだったと考えられるのです。**

翌年、明治五年（一八七二）年三月、明治政体府は、
「華士族の子弟で厄介の者、平民加入苦しからず、分家となりたるもの皆平民籍に入る」
と布令して、新政府に反活動をした者の家名・家禄を没収し、処刑・切腹・追放などを行いました。

このような事態になると、大政天皇の東武官軍府に参加した有力者は、家族を守るために無籍者となり、逃げ回るか、新たに戸籍を取得する以外に生きる術はありませんでした。

戊辰の合戦に敗れた大政天皇（知徳院）は伊達慶邦より、登米《とめ》地方（宮城県と岩手県の県境）に御貴田・小林・原・新田・仏ころ沼などの七カ邑《むら》（二カ邑の名は失念）を隠居生活の場

として受けたと伝えられています。その後、登米地方は仙台領支配から除かれ、土浦藩・土屋相模守挙直《しげなお》の支配地となったので、大政天皇はこの地に隠れ住むことはできなくなりました。

そこで、家臣団に多くの財宝を預け、江戸に忍び出て、さらに江戸より駿河の浮島へ立ち寄り、そこから熊野へ逃れました。しかし、約四百年ぶりに立ち帰った熊野は、もはや南主が生活する場ではなくなっていました。そのため、再び江戸に戻り、東京染井の伊達慶邦隠居所に匿われました。

明治七年（一八七四）になって、慶邦の卒去により、水沢《みずさわ》県となった登米の地に再び帰ります。なぜなら登米地方は鎌倉幕府の昔より、藤原姓の小野寺一族が大変栄えた土地だったので、小野寺を号して隠れ住むのに都合のよい土地だったからです。

また、家臣団が戊辰戦争に敗れて北上川流域に逃れ住んでおり、南主・知徳院（大政天皇）の一代においては家臣団に預け置いた財からの配当収益もあり、経済的に大変豊かであったと聞いています。

しかし、南主・知徳院は戸籍を所有しなかったので、代替わりとなったときに、ほとんどの財産はいつしか家臣団の所有物となってしまいました。そこで、祖父・浄光院は明治二十四年（一八九一）に出羽小野寺の本流であった山内小野寺氏の娘と結婚し、小野寺の戸籍を取得することになったのです。

こうして、**明治政体府は後嵯峨天皇の嫡流であり、戊辰戦争で即位した大政天皇（東武皇**

帝）の「皇統譜」を民間の戸籍の中に埋没させ、歴史の表面から消し去っていきました。

全国戸籍簿制定によって、明治政体府による完全な「皇統の簒奪（君主の地位の奪取）」がなされたのです。

南北朝正閏論争が起き、桂内閣は「南朝正統」を閣議決定

近代化に向けて歩み出した明治政体府でしたが、立憲君主国家としての国家統治の議論の中で、持明院統と大覚寺統の時代に関する皇統の正閏《せいじゅん》問題、つまり、戊辰以来くすぶっていた皇統の正統性をめぐる論争は避けて通れない事態となりました。これは、戊辰戦争とは後醍醐天皇の建武の中興を手本とした革命だったからという面もあります。そんななか、明治十五年（一八八二）に行政によって、いわゆる「南北朝」という言葉が初めて作られました。

やがて、その言葉が教育現場に持ち込まれ、教科書にも登場するようになると、「大覚寺統（吉野朝＝南朝）と、持明院統（室町幕府＝北朝）のどちらが正統なのか？」という正閏論争が起こりました。

正閏問題は帝国議会における政治論争にまで発展し、野党の立憲国民党や大日本国体擁護団体などが当時の第二次桂内閣を糾弾《きゅうだん》しました。このため、第二次桂内閣は野党や世論に押されて、明治四十四年（一九一一）に閣議決定をもって、

「大覚寺統（南朝）正統」

とする決議を行いました。

さらに、歴史教科書の「歴代表」から、

「南朝の長慶天皇（慶寿院）、北朝の光厳、光明、崇光、後光厳、後円融天皇をすべて削除し、南北朝の呼称を廃止する」

と修正する決定をしています。

以後、持明院統（北朝）の五代は「歴代表」から削除され、北朝の年号は抹消され、南朝正統として吉野朝時代の称が使われることになります。それまでは北朝五代と称された光厳・光明・崇光・後光厳・後円融の五代の天皇呼称を停止し、歴史は国体に正しく改められました。

それは国内はもとより、全世界に発表されたのです。

この時代の空気がいかに緊迫したものであったかを、平成二十六年（二〇一四）三月三十日付の日本経済新聞が「歴史学が抹殺された日（明治）」として伝えているので、一部引用しましょう。

「明治末は日露戦争で疲弊した社会に閉塞感が漂っていた。都市の拡大で『無産階級』が増加、社会主義が浸透する。そして天皇暗殺計画の『大逆事件』が発覚。これを機に天皇の正統性を揺るがしかねない『南北朝正閏（順逆）問題』が起きる。政府と世論は『国体』を守るため史

実よりも国民教育思想を優先した。近代の天皇像を過去にあてはめる超時代的歴史観であった。（以上リード文）

そして一九一〇（明治四十三）年五月二十五日、天皇の馬車に爆弾を投げ込む暗殺計画を企てたとして、若い活動家らが逮捕され、六月一日には幸徳秋水の逮捕へと発展する。（中略）

事件は天皇、皇太子などに危害を加え、または計画した者は死刑とする刑法七十三条、いわゆる大逆罪が初めて適用された。翌一九一一（同四十四）年一月十八日、大審院は秋水以下二十四名に死刑という衝撃的な判決を下す。半数の十二名は恩赦により無期懲役に減刑されたが、秋水らは判決から一週間足らずの同月二十四日に処刑された（管野スガだけは二十五日）。（中略）

しかし、事件は秋水らの処刑で終わらず、思想弾圧以上の問題へと発展する。裁判は非公開だったが、秋水が公判でいい放った言葉が外部に漏れ、それが引き金となった。『今の天皇は南朝の天子を殺して三種の神器を奪いとった北朝の天子の子孫ではないか。それを殺すのが何故それほどの大罪か』（中略）

一九一一（明治四十四）年二月二十八日、桂首相は内閣の決定として、天皇に南朝を正統とする旨を奏上。枢密院会議を経て、三月三日に聖断の形で南朝を正統とすることが決定した。天皇は枢密院会議を欠席、暗に不快の意志を示したともいわれている」

大隈重信が大戦参戦を決めたのは正閏問題から逃げるためだった？

帝国議会による「大覚寺統（南朝）正統」の決議の翌年、大正元年（明治四十五＝一九一二年改元）に明治天皇が亡くなります。

「南北朝」正閏問題で悩んだのが原因ともいわれていますが、その混乱が一段落した大正三年（一九一四）、大隈内閣で改めて天皇問題の解決をはからなければならない事態となりました。つまり、大隈重信は桂第二次内閣が閣議で決定したことを実行しなければならない立場に立たされたのです。

しかし、想像していただければわかりますが、ある日突然、今までの天皇（ここでは大正天皇）をクビにして、南朝天皇を擁立するなどということが、簡単にできるわけがないのです。

しかし、できないからといって、「南北朝」の両方を擁立したら、国家はかつての時代のように二分裂し、混沌としたまま、国家としての成立は不可能になってしまいます。

そのタイミングで、大隈重信はヨーロッパで起きていた第一次世界大戦への参戦を決めてしまいます。これは「国事多難」という名目をつくり、正閏問題の解決を先送りしてしまう目的もあったのではないでしょうか。以降、本件が未解決なのは国事多難を理由にされたといわれます。

つまり、第一次世界大戦参戦は、正閏問題から逃げる言い訳に使われたのではないか。

一方で、大隈重信は問題の解決をごまかすため、伊藤博文に次いで第二代の宮内大臣となり絶対的に南朝の正統を支持する伯爵・土方久元《ひじかたひさもと》を会頭として「大日本皇道立教会」を設立します。ところが、翌年の大正四年（一九一五）、明治政体を中心として無理やり作成した持明院統の政体天皇系図が公表されてしまいます。

この公表は、明治二十三年（一八九〇）、北朝である持明院閏統府《じゅんとうふ》発布の「皇室典範」の「皇統譜令」をもとにしています。

これこそが現在公表されている「天皇家系図」であり、現在の皇室は国体としては資格のない持明院統の子孫に当たります。

この皇統譜は「明治政体天皇が、いかにしたら神武天皇につながるか」という論理が成立するよう、明治政体天皇から逆にさかのぼって構成されたものです。

『宝祚大典《ほうそたいてん》』（福井三郎著）という書物があります。「宝祚」とは皇位を指し、歴代の天皇の治世が五冊にまとめられたものです。

この『宝祚大典』の大正四年三月の項に、

「皇統譜の調査成る。明治の初年、太政官の正院に於《おい》て之が調査を開始し爾後四十余年断続してそれを行ひ是に至て其一段落を見る然も皇族全部の実歴に至りては其調査容易の業に非ず明治時代四十五年間を第一期とし、徳川時代を第二期とし漸次《ぜんじ》、溯って神武の朝に及《およぶ》の方針を以て其編修主任を定む」

とあります。

家系図といえば、普通、親から子へというように、上から下への順に作られるのが自然ですが、奇妙なことに、下から上へとたどっているのです。

そもそも、第二次桂内閣において、歴史教科書の「歴代表」から北朝の光厳、光明、崇光、後光厳、後円融天皇がすべて削除されているのですから、以降の北朝天皇は存在しないはずです。しかし、この皇統譜発布によって法律的には国体天皇の存在は意図的に抹消されてしまいます。

それでも前述の大日本皇道立教会では、南朝絶対正統を主張した土方久元伯爵の跡を吉野朝の廷臣・四条氏の遠裔（遠い子孫）・隆愛《たかちか》侯が引き継ぎ、問題研究は進められつつありました。

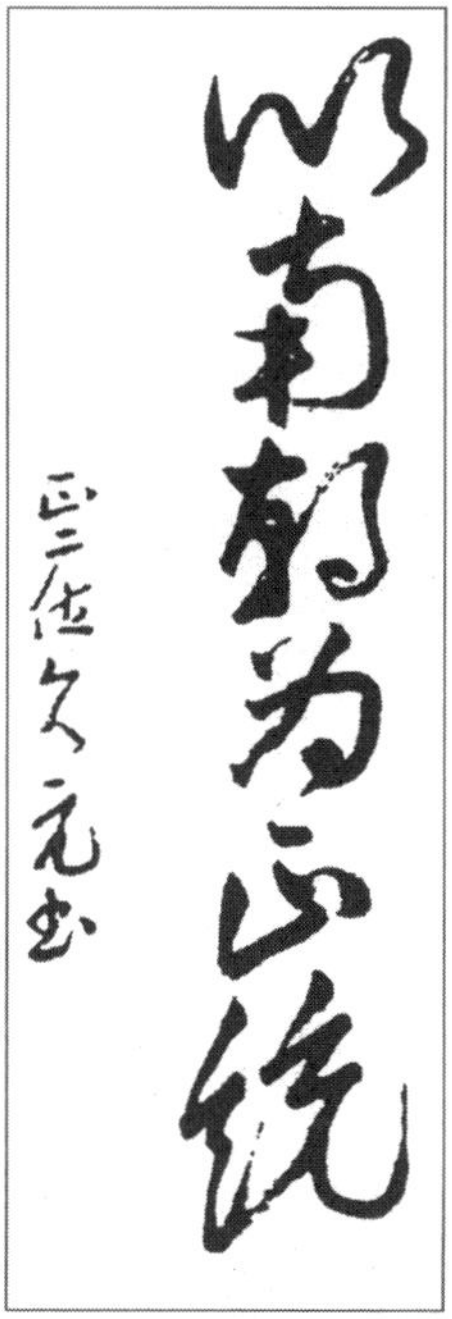

土方久元の書。「以南朝為正統（南朝をもって正統となす）」と書かれている

そんななか、大政天皇（知徳院）の孫の浄光院は明治二十四年（一八九一）、生き抜くために家臣の山内小野寺の娘よしと結婚し、小野寺の戸籍を得ます。

そこで私の曾祖父の南主・証通院様は孫の象治《しょうじ》（浄光院長男）をして新戸籍小野寺の継承者に任じ、象治の弟の後顕徳院（象一郎）を南主と定めました。ちょうど後嵯峨天皇のご遺詔と同様の形です。

後顕徳院は兄の社会的地位を確立させるために伯爵・松浦厚《あつし》氏の仲介によって久我通久《こがみちつね》元宗秩寮《そうちつりょう》（旧宮内省に所属した一部局）総裁を訪ね、兄を小野寺の統領として、小野寺家が南朝の廷臣であることを証明する古文献と系図を添えて提出しました。具体的には吉野朝の忠臣としての歴史的勲功をもって爵位を申請したのです。

ところが久我通久侯が隠居し、南主・証通院様が大正十一年（一九二二）八月二十五日に崩御したことに加え、翌十二年九月、関東大震災が発生したこともあり、審査は先送りとなってしまったようです。

昭和に入り、国体観念を明徴《めいちょう》（証拠に基づき明らかにすること）にするべきだという、「国体明徴運動」が盛り上がりを見せ始めました。そんななか、昭和六年（一九三一）、犬養毅《いぬかいつよし》が内閣総理大臣となりました。

犬養毅はかつて、第二次桂内閣において帝国議会で「南北朝」正閏問題を糾弾した人物です。今度は自分が内閣を任される立場になり、曖昧なままになっていた南・北皇統問題を解決しなければならなくなりました。

孫文は南朝天皇を盟主とする満州建国を日本に求めた

さて、犬養毅首相は明治・大正時代から南主の意向を酌んだ頭山満《とうやまみつる》を通して、中国の孫文《そんぶん》とある合議をしていました。まず、のちに満州国ができる地域はもともと遊牧民が暮らしていた土地で、中国の支配領ではなかったことを踏まえる必要があります。

当時、帝政ロシアは世界最大の近代兵器を持った国家でした。そのロシアの南下を意識していた状況で、中国は防御する手段がないため、満州に防御のための緩衝《かんしょう》地帯をつくってくれないかと日本に申し入れてきていたのです。

中華民国初代臨時大総統にして中国国民党総理となった孫文閣下は、日本の「南北朝」正閏問題において、南朝が正統であることは知っていました。

そこで、ロシアを抑えるために、**周王朝の正裔《せいえい》である大日本皇統（南朝天皇）を盟主として、五族共和《ごぞくきょうわ》（漢族・満州族・蒙古族・イスラム系諸民族・チベット族の協調）による、満州建国構想を合議したのです。**

南朝天皇の正統系譜は周王朝（＝中華の正統系統）です。南朝天皇が満州国の盟主になることは、侵略でもなければ、自分たちの面子《メンツ》がつぶされることでもないわけです。

簡単にいえば、「中国から出て日本に行った天皇が戻ってきた」という認識です。

こうして、犬養毅は満州で南朝天皇を擁立することで南・北皇統問題の解決をはかろうとしましたが、大正十四年（一九二五）に孫文閣下は亡くなってしまいます。

孫文閣下が生存中に満州国を建設していれば、日本と中国は同じ目的のために、同じ条件で協力して満州国をつくったのだと理解されたはずです。しかし、時代はすでに変化し、犬養毅が内閣総理大臣となった昭和六年（一九三一）の時点では、中華民国では満州建国を必要とする状況ではなくなっていたのです。

ロシア革命によって、孫文の弟子・毛沢東はロシアと手を結んでいました。そうなると、緩衝の目的だった満州国が不要になってしまったのです。

そのような状況にもかかわらず、犬養内閣は皇統問題の唯一の解決策として「南朝天皇を擁立する満州国構想」に着手。しかし、必要とされないところへ日本の兵隊が出向いていくわけですから、「ロシアと和睦ができているところに、別の第三者が侵略にやってきた」として敵対行為にとられてしまったのは当然です。

二カ月後の昭和七年（一九三二）五月十五日、犬養首相は軍部によって暗殺されます。その後、満州地域は軍と手を組んだ政体府の官僚らによって、かつて孫文閣下と交わした合意とまったくかけ離れた方向へ向かっていきました。

歌姫・青葉笙子の結婚にも南主が関わっていた

明治の御代は金か身分か、そのどちらもなければ人間とは言えないといってもよい時代でした。戊辰の頃の大政天皇（知徳院）と皇太子（証通院）の二代は旧臣に貸与した財産からの収益も相当あり、証通院は「小野寺様のお通り」と称して、貧民に会えば常に金銭を恵み与える人だったそうです。

しかし、戸籍を持たなかったため、財産の管理が不可能となりました。そこで、明治二十四年（一八九一）、証通院の跡を継いだ浄光院は、秀吉時代、出羽の山本郡三万千六百石を領した小野寺遠江守義道《とおとうみのかみよしみち》の二男で、家督を継いだ保道《やすみち》（山内小野寺を号す）の裔孫《えいそん》（遠い子孫）であり、代々南主の延臣を務めてきた祖母（よし）と結婚し、初めて小野寺姓の戸籍を得ます。

その息子である南主・後顕徳院（象一郎）は明治三十年（一八九七）に降誕し、兄の象治は明治二十七年（一八九四）に生まれます。では、なぜ弟である後顕徳院が南主となったのか。後顕徳院は体格・思考・行動が祖父の証通院や父の浄光院によく似ており、また伊達氏に預けていた財宝が大正六年（一九一七）に伊達邦宗《くにむね》氏より一部返還されたことから、これを機会に翌年の大正七年（一九一八）、著者の祖父である証通院が後顕徳院を南主と定めたのです。

叔母キヨエの話では「大正七年に誕生した貞子《ていこ》（青葉笙子《あおばしょうこ》）は、実は象一郎さんの子供だったが、貞子の後々の幸せのために象治兄さんの実子として入籍された」ということでした。養子が実父母と養父母の両方と親子関係を持つのに対して、実子とは養子の一種ではありますが、生家とはすっかり縁を切り、生家の系図（戸籍）からも完全に抹消され、養い先の純然たる子供となることをいいます。

その貞子（青葉笙子）が拓殖書房から『歌の回想録』という本を出版しています。その中で昭和十二年（一九三七）頃の思い出として、以下のように記しています。

「私の叔父さんが、当時宮内省（今は宮内庁）への出入りがあった人でしたので、公爵の四条隆徳《たかのり》さん等とビリヤードのお付き合いをしたりして、御交遊がありました。そこで私より一回りぐらい御年配の方でしたが、何かの折に私にお話があり、仕事の合間をみて、お食事の誘いを二度程受けました。叔父さんのせっかくの御好意を無にしては悪いと思って……。私が早く良い結婚をして落ち着いた家庭を持って欲しいと、父も願っていたのでしょうから……。でも、御縁のある無しは、やはりあるのですね。

私は、仕事が忙しくなり、またその方が楽しかったので、お誘いも度々お断りすることが多くなり、自然消滅と申し上げては失礼になるかも知れませんが、そのような状態で、ジ・エンド」（ルビは引用者が付した）

この話の真相を明かすと、ここに登場する四条氏は昭和十七年（一九四二）に冨山房から発行された『国史辞典』に、

「しじょううじ　四條氏
藤原北家魚名流《ふじわらほっけうおなりゅう》。羽林家《うりんけ》の一、参議《さんぎ》・大納言《だいなごん》・中納言に至り、近衛中将または少将を兼ぬ。庖丁の家として聞ゆ《きこ》。魚名の三子美作守末茂《みまさかのかみすえもち》を祖とし、十代の孫中御門中納言家成《なかみかどちゅうなごんいえなり》の長子権大納言隆季《ごんだいなごんたかすえ》が四條大宮に住んだのに創《はじま》り、冷泉大納言隆季を経て権大納言隆衡《たかひら》のとき四條家を称し、時に大宮家ともいふ。子孫連綿として吉野時代に至り中納言隆資《たかすけ》・左少将隆量《たかかず》・左少将隆童《たかわか》・中納言隆俊《たかとし》・左少将伊予国司有資《いよこくしありすけ》の父子、後醍醐天皇・後村上天皇に近侍して忠臣の誉《ほまれ》が高い。嫡流は隆衡の二子権大納言隆親《たかちか》の弟大納言房名《ふさな》の家に伝はり、後小松天皇のとき曾孫隆郷《たかさと》が権大納言に任ぜられ、子孫相承して江戸時代に及び家禄百八十石を領し羽林家の一として栄えたが、明治維新後華族に列せられ、隆謌《たかうた》に侯爵を授けられた」（引用者がルビを付し、漢字を現代表記に改めた）

と紹介されているように名門であり、歴史的にも吉野朝の大忠臣です。四条隆徳侯爵の母は徳川慶喜の第十女の絲子姫であり、夫として申し分ないと最初、後顕徳院は判断していました。しかし、隆徳侯爵の叔父である実輝《さねてる》氏が明治政体天皇の皇后（昭憲皇太后）の兄、一條實良《さねよし》公

爵の継子となっていることを新たに知り、さらに隆徳侯爵の曾祖父・隆生《たかあり》氏は醍醐輝久氏の二男であると知ったのです。

醍醐家は持明院統の後陽成院《ごようぜいいん》の第九子・一條昭良《あきよし》の二男・権大納言冬基《ふゆもと》が延宝六年（一六七八）、持明院統の霊元院《れいげんいん》の詔を受けて創立された家です。醍醐輝久氏の曾孫の醍醐忠敬《ただたか》は戊辰戦争の際に奥羽鎮撫総督参謀として、大政天皇（知徳院）と対立した張本人です。それを知って、交友はともかくも結婚となると、それらの人々と親戚付き合いをしなければならなくなるので、結婚は不可と判断したそうです。

当時、南主は伊達邦宗氏より返還された財源をもとに、日本のエジソン・発明王と呼ばれた秋葉大助氏の秋葉式人力車の事業を応援して、大正九年（一九二〇）には授権資本《じゅけん》（会社が発行できる株式総数）二百万の企業を秋葉大助氏と共同で設立するまでの経済力を持っていました。さらに、証通院と松浦詮《あきら》伯爵との関係から、藤原朝臣小野寺氏の吉野朝忠臣としての名誉回復をはかり、宗秩寮総裁に関係書類を提出していました。

小野寺貞子（青葉笙子）は当時の思い出を、

「叔父が宮内省に出入りがあるためと思いますが、今度は、子爵平松時善《ときよし》という方の写真を持って来ました。背も高く、芸能人社会の方々とは全く違ったムードでした。（中略）平松さんは当時の宮内大臣の松平恒雄様（秩父宮節子妃殿下の父君）から認許の落款（おすみつき）の書面を頂かないと正式に結婚出来ないので、彼の飛行機での御師でもある一條実孝《さねたか》公爵（引用者注：一條実輝氏の養嗣子《ようしし》＝家督を継ぐ養子）に仲人役をお引き受け願って、そちらから提出して頂きました」（前掲『歌の回想録』より。ルビは引用者が付した）

と書いていますが、実は旧平戸藩主の松浦伯爵は元吉野朝の大忠臣で、当主である詮氏の娘・都子と仙台伊達宗基氏との結婚のまとめ役を証通院が行ったことから親交がありました。

詮伯爵の二男で平戸新田の松浦家を継いだ子爵の靖《はかる》氏の夫人の父親は、華族を資格審査する宗秩寮総裁は村上源氏の久我通久侯爵だったので、吉野朝の廷臣・小野寺嫡流としての証拠の古文書と系譜を提出しました。しかし、証通院の崩御や大正時代の関東大震災の混乱などによって審査は棚上げになってしまったようです。

戦前に流行歌手として一世を風靡した青葉笙子、本名・小野寺貞子

貞子はさらにこのようなことも書いています。

「それから八ヶ月も経ってようやく『認許ス』の通知を頂いた彼は、喜んで私に電話をかけてくれました。(中略)とにかく、私たちの結婚については、平松さんの従兄の子爵木下俊燕《しゅんえん》さん(昭和四十三年三月十五日に、『秀頼は薩摩で生きていた』という本を出されました)のご協力を得て一年ぐらいかかるのを八ヶ月ほどで許可になったそうです。

宮内省から許可を得たものの、親族の方々の反対等があって本当にイライラした毎日でした。尼さん(平松さんの叔母さんに当たる方々)が多く、なかなか理解して頂けなかったからです。

奈良の中宮寺《ちゅうぐうじ》住職・平松尊覚尼《そんがくに》(引用者注:近衛忠房《ただふさ》養女。原文では平松尊學尼となっていますが、正しくは平松尊覚尼)。この中宮寺をお継ぎになる平松尊昭尼《そんしょうに》、また平松尊學(覚)様は檀家を持たない尼門跡として有名な京都の寶鏡寺《ほうきょうじ》の住職です。世田谷区太子堂にある感應寺《かんのうじ》の平松誡厚尼《かいこうに》(今は亡くなり、寺内大吉さんが住職になっておられます)。同じく世田谷の藤光庵《とうこうあん》の平松祐厚尼《ゆうこうに》(叔母様)がいらっしゃいました。

平松さんの母上様は、平松さんが三歳の時、四国の善通寺《ぜんつうじ》で亡くなられた三条実美の三女(引用者注:正しくは五女)のお姫様で高子様とおっしゃいました。(以下略)」(前掲『歌の回想録』より。ルビは引用者が付した)

昭和十七年（一九四二）、一條實孝《さねたか》公爵の仲人のもと、華族会館で平松時善子爵と貞子は結婚式を挙げました。その結果、次ページの家系図に挙げたような親族関係が形成されました。

当時、事情を知らない芸能界の人々は、左記の文章を青葉笙子のプロフィールとして信じていました。

「青葉さんはその芸名の示すように、伊達政宗の居城青葉城の在る仙台の生まれ、財閥名門として知られた小野寺家の娘である。歌手当時の彼女は、麻布四ノ橋の豪壮な邸宅に御両親と一緒に住んでいた。その厳格な家風、深窓の中にあって誰に似たのか誠に天真爛漫、明朗、そして純情可憐なお嬢さんであった。

昭和十一年四月、コロムビアが『下田夜曲』を松竹映画とタイアップしてコンクールを行ったとき、彼女が一等に入選。（中略）昭和十二年十一月に『銃後ぶし』でデビュー。（中略）五十曲近い新譜を発売している。

歌手として爛熟し油ものっていよいよこれからという時期に、子爵平松時善氏と婚約とともにい、時の宮内大臣松平恒雄氏の指示でやむなく歌手を引退、公家の礼儀作法や花嫁修業に専念することとなった。

歌姫から子爵夫人へ!!　シンデレラ物語にも似た芸能界空前の出来事であった」（レコードの歌詞カードに掲載されたプロフィールより）

三条《さんじょう》（公爵）

實萬《さねつむ》 内大臣 武家伝奏
＝夫人紀子 山内（高知）豊策三女

- 實美《さねとみ》 総理大臣 太政大臣、内大臣
  ＝夫人治子《はる》 鷹司輔熙九女
  - 公美《きみよし》 東三条男爵
    ＝夫人千代子《ちよ》 松平（福井）慶永八女
  - 公恭《きみあや》 公睦二男
  - 智恵子 閑院宮載仁親王妃
  - 美佐子 毛利（山口）元昭夫人
  - 章子 大谷光演夫人
  - 夫人高子 三条實美五女
- 公睦 権中納言
  ＝夫人恆《ひさ》 山内（高知）豊資養女 山内豊著八女
- 峯 一条忠香養女 細川（熊本）韶邦夫人
- 實文
- 正 山内（高知）豊信夫人

平松《ひらまつ》（子爵）

桓武天皇裔・西洞院庶流
時慶二男・平松時庸十代

時言 参議 少納言、侍従
西尾式部少輔忠受 姫路酒井忠実三男
男爵・小松行敏

- 時厚《ときあつ》 貴族院議員
  ＝夫人鶴子
  - 時陽《ときあきら》 陸軍騎兵大尉
    ＝夫人高子 三条實美五女
    - 時善《ときよし》＝小野寺貞子
    - 宗温
    - 聳昭
  - 達子
  - 周禪 宝鏡寺門跡
  - 尊覚 近衛忠房養女
- 親子
- 晋海
- 好子 権典侍
- 時韶

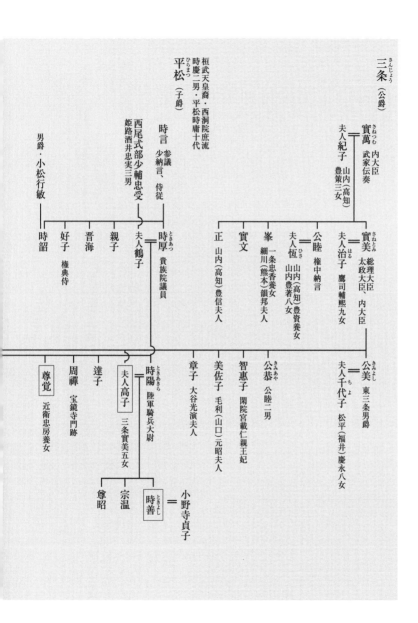

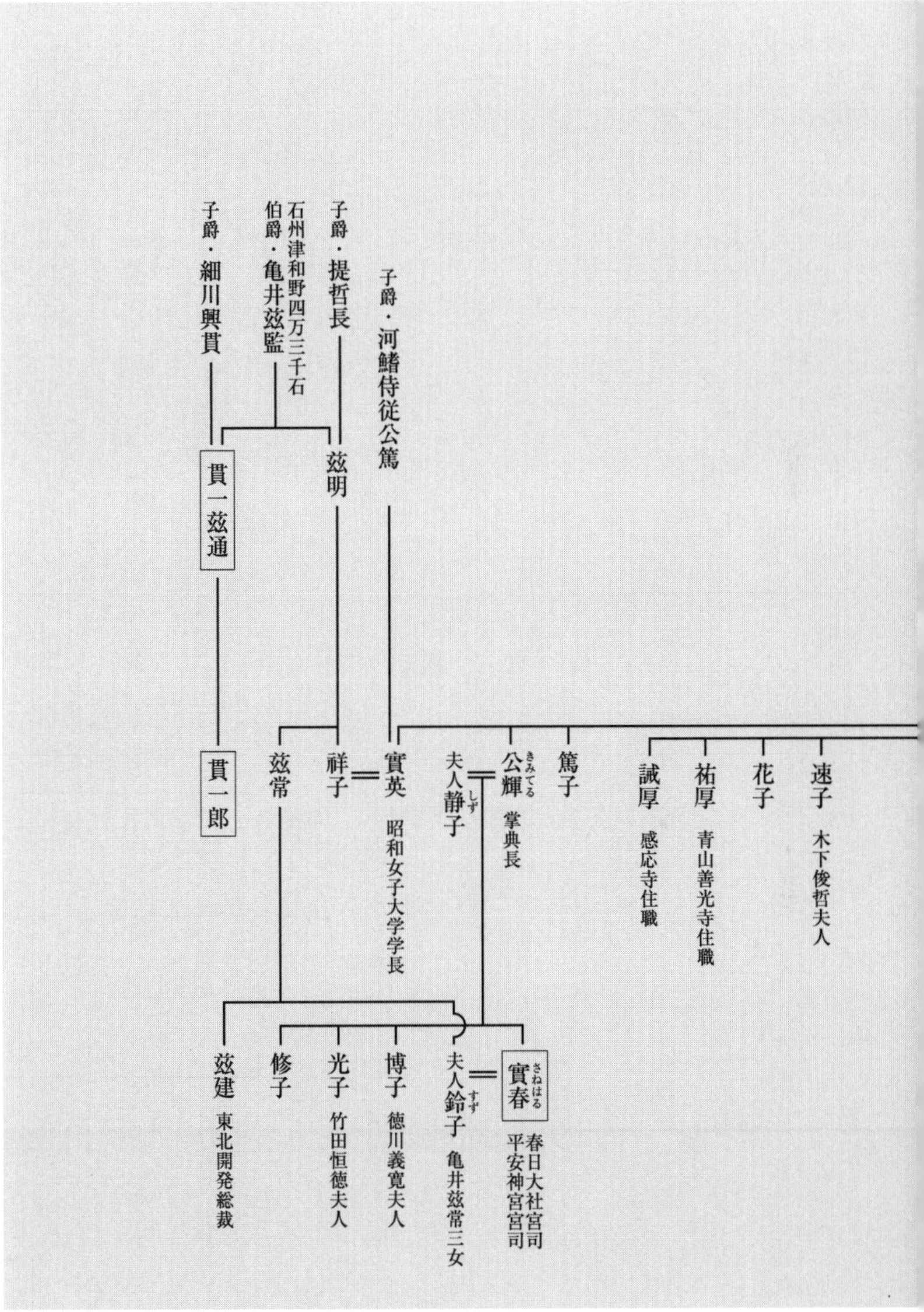

速子
木下俊哲夫人
花子
祐厚
青山善光寺住職
誠厚
感応寺住職
篤子
公輝《きみてる》
掌典長
夫人静《しず》子
實英
昭和女子大学学長
子爵・河鰭侍従公篤
祥子
子爵・提哲長
茲明
石州津和野四万三千石
伯爵・亀井茲監
茲常
子爵・細川興貫
貫一茲通
貫一郎
實春《さねはる》
春日大社宮司
平安神宮宮司
夫人鈴《すず》子
亀井茲常三女
博子
徳川義寛夫人
光子
竹田恒徳夫人
修子
茲建
東北開発総裁

仙台伊達氏と小野寺氏が関係を結んだ経緯

伊達泰宗《やすむね》は「平成十五年（二〇〇三）（ワ）第二九八一九号、動産所有権確認等請求事件」の被告として、「小野寺家と伊達家との関係を強いて挙げるならば、被告・伊達泰宗の母と原告とが従兄弟関係にあるにすぎない。それも戦後になってからのことである」と主張しました。

この主張に対して伊達家の江戸での菩提寺である高輪・東禅寺では原告の主張する事実がかつて存在していたことを認めて、戊辰の大政天皇（知徳院）の墳墓碑を平成十三年（二〇〇一）に寺の費用で整備・再建してくれました。

また、泰宗の曾祖父・邦宗氏が後顕徳院に宛てた書簡類を泰宗の父・貞宗氏が確認していることも東京地方裁判所は認めました。

さらに、先にも書いたように、戊辰当時の記録である『東武皇帝御守衛』において、菊池容斎が「皇后光、仙台慶邦公養女」と筆記し、仙台藩士が所持する記録には「御妃　娥《こう》后（皇后）女御　慶邦養女」、『蜂須賀家文書』には「一条関白御女、仙台慶邦養女」とあります。これらにより、泰宗の「伊達慶邦には徳子という名前の養女一人しかいない」という主張は間違っていることが証明されます。

まして、泰宗は仙台伊達第二十八世斉邦《なりくに》の夫人・徽子《のりこ》（榮心院）や二十九世慶邦の実母が延寿院であることを知らないと答えており、先祖に対する知識がまったくないと言っていいでしょう（108～111ページの系図参照）。二十六世斎宗《なりむね》は女子（芝姫）が一人いるのみで、男子はありません。

一関の田村左京大夫《さきょうのだいぶ》村資《むらすけ》の三男を娘に配して、伊達二十七世斎義《なりよし》としたわけですが、斎義と芝姫の間には子の誕生はありませんでした。そこで、斎義が田村の部屋住みの時代に結婚した延寿院との間に一女一男があったので、その一女に登米二万石を支配していた伊達長門《ながと》宗充《むねみつ》の嫡子を配し、第二十八世斎邦《なりくに》としたのです。

ところが、斎邦は二十五歳にして没したため、その跡を斎義と延寿院との間に誕生した男子が、慶邦と名を改めて伊達二十九世を継いだのです。この延寿院の父は出羽の山本三万一千六百石を秀吉時代に領した小野寺遠江守義道の二男・保道の子孫であり、ゆえあって旧領山本郡の名を採って山本と名乗るようになりました。

伊達一家ではじめに佐沼五千石を領した亘理伯耆《わたりほうき》の娘・光子は延寿院の養女となり、そののち慶邦の養女となって、大政天皇（知徳院）の皇后となっています。その理由は幕末の仙台藩を実務的に支配していたのが、当時、亘理伯耆に連なる人々だったからでしょう。関係は106～107ページの系図の通りです。

私と交流があり、故人となられた子爵・平松時善、公爵・三條實春《さねはる》、小野寺象治、小野寺貞子、伊達巨梅《こうめ》、伊達鞠子《まりこ》、伊達貞宗、伯爵・小笠原忠春《ただはる》、侯爵・尚裕《しょうひろし》、亀井貫一郎、伯爵・亀井《これたけ》、子爵・東園基文《ひがしそのもとふみ》、男爵・住友友以《とももち》の各氏の御霊の安からんことを、また関係各氏の故霊の安からんことを。

前述の満州国構想は次第に侵略的内容となり、結果として第二次世界大戦に突入してしまいます。そして、昭和二十年（一九四五）の敗戦を余儀なくされました。

皮肉にも、それまで世界の覇者の一人として国際社会にその存在感を誇示してきた持明院統（北朝）日本政体天皇は、その権力とともに国際的な権威をも失うことになりました。

持明院閏統府発布の「皇室典範」の「皇統譜令」をもとにし、大正四年（一九一五）に公表された天皇家系図を基準に、亀山天皇以降、後醍醐天皇を経て、後村上天皇の時代あたりから、国体の皇位に関して「あえて錯覚するような条件」のもと、今日の歴史は編纂されています。これにより、歴史的事実とは異なるにもかかわらず、その後、実質的な対応がなされないまま、今日に至っているわけです。

その結果、本書の冒頭で書いたように、この事実を教育されなかった明治以降の一般国民に、「南朝はもうなくなっている。南北朝時代と呼ばれる一時期だけは南朝が正統だったが、現在、北朝しか存在しないのだから、以後は北朝が正統なのだろう」

という誤解が生じ、「現政体皇統が正統」であるかのような錯覚を抱いたままになっているのです。

第3章 小野寺氏蔵の「三種の神器」が本物だと言える理由

三種の神器のさまざまな呼び名と象徴するもの

前述の通り、三種の神器の所持なくして、天皇の位につくことはできないとされてきました。天皇とは「先祖の御霊《みたま》を祀《まつ》る」という重要な意味であり、三種の神器を継承した者のみが天皇家における本家となり、持たざる者は分家ということになります。また、本家であっても、三種の神器を失った者は継承者の資格を失ってしまいます。

ですから、三種の神器の継承者は、日本では元首として国を代表する地位にある者となり、「国体」と呼ばなければなりません。

「国体」から委任され、「国体」の代わりに政治を行う体制は「政体」と呼ばれるべきでしょう。三種の神器はまさに天皇権のシンボルであり、「神璽《しんじ》」（勾玉《まがたま》）、「剣《つるぎ》」、「鏡」がそれに当たります。

国体の象徴としては、神器は一点であることが望ましいはずです。というのも、王権の象徴が複数存在するとなると、それが子孫によって分割されて所持された場合、王権に混乱をきたしてしまうからです。

では、なぜそのような危険を冒してまで、三種の神器を国体の象徴としたのでしょうか。それは、天皇権の象徴として、天皇権を上まわる理念と目的がこめられていたからでした。

「三種の神器」のうち、「剣」は、血統（父系）の象徴です。

「剣」は、天王剣《てんのうのつるぎ》、天叢雲剣《あめのむらくものつるぎ》、草薙剣《くさなぎのつるぎ》、剣璽《けんじ》、宝剣と、さまざまな名前で呼ばれています。

「神璽」は国権（母系）の象徴で、胎児の形をしており、万物を生育させる太陽と月の関係を表しています。神璽は一般的に、八尺瓊勾玉《やさかにのまがたま》、八坂瓊曲玉《やさかにのまがたま》と呼ばれます。

この剣と神璽の意味を合体・調和させるために、日本において「鏡」が加えられたのです。鏡は八咫御鏡《やたのみかがみ》、斎御鏡《いわいのみかがみ》、神鏡、宝鏡と呼ばれてきました。

鏡に向かえば、そこには自分の顔が映ります。天皇が鏡を見るたびに見るのは、父と母の血脈を受けた自分の顔なのです。

三種の神器をめぐる奪い合いの歴史

三種の神器に関する歴史は複雑で、現代では本物と形代《かたしろ》（レプリカ）が存在します。

『古語拾遺《こごしゅうい》』によれば、「崇神《すじん》天皇（第十代）のときに、鏡と剣は宮中から出され、伊勢神宮の皇大《こうたい》神宮に祀られることになって、形代が作られた」とあります。

また、『日本書紀』では「応神天皇（第十五代）のときには、すでに宝剣・宝鏡は倭《わ》（日本）の大王の手を離れ、伊勢に奉祀《ほうし》されていた」ともされています。

『日本書紀』の天智天皇七年（六六八）の項に「是歳沙門直行草薙剣を盗みて新羅に逃げ向く、

而して中路に風雨にあひて荒迷《まと》ひて帰る」の記事があります。新羅は神武天皇の兄が建国したと伝えられ、草薙の宝剣は日本ばかりではなく新羅においてもなくてはならない王権（血統）証明の剣であったのです。

すなわち、ここに周王朝の王権を示した平天王《へいてんおう》（周王朝の十三代王）の「天王剣」の義が明らかとされているのです。

次に、通説では三種の神器をめぐり、どんな争いがあったかを見ておきましょう。

○元暦二＝寿永四年三月二十四日（西暦一一八五年四月二十五日）、源氏・平氏による壇ノ浦の戦いにおいて、宮中奉安置《ほうあんち》の三種の神器の一つである「天叢雲剣」（注：これは形代《かたしろ》）は第七十四代安徳天皇とともに海中に水没し、発見されず。そのため、後鳥羽天皇は神器がないまま、即位。

○鎌倉（一一八五頃〜一三三三）後期、第八十一代後嵯峨天皇に続く皇位を持明院統（後深草院）と大覚寺統（亀山院）の二つの皇統から交互に就いた「両統迭立」により、三種の神器が交互に移動。

○建武二年（一三三五）、足利尊氏との戦いで、和睦の要請に応じた大覚寺統の第八十九代後醍醐天皇が「三種の神器」を足利方へ渡す。その後、後醍醐天皇は「尊氏に渡した神器は贋物《がんぶつ》である」と主張、吉野（現・奈良県吉野郡吉野町）に政府を開き、国体府と政体府の南北朝時代が始まる。

○明徳三＝元中九年（一三九二）、「明徳の和約」で国体府と政体府の南北両朝が一時、両統迭立を条件に和睦。第九十二代天皇（南朝では第四代天皇）である後亀山天皇が、三種の神器を政体府の後小松院《ごこまつ》（幹仁《もとひと》）に渡す。こうして第九十三代後小松天皇が即位。

○応永十九年（一四一二）、後小松天皇が両統迭立の約束を破り、自分の長男である称光院《しょうこう》を第九十四代称光天皇として即位させるが、称光天皇は二十八歳で亡くなる。さらに、大宝律令の定めによって皇位継承の資格のない、彦仁王《ひこひと》（後花園院《ごはなぞの》）を第九十五代後花園天皇として即位させる。三種の神器は政体府にとどまったまま。ただし、南朝府では称光・後花園を国体としては認めないところである。

○これに対抗して、再び「後国体」政権が生まれる。嘉吉三年（一四四三）九月、「禁闕《きんけつ》の変」により、後南朝勢力が後花園天皇の宮中から三種の神器を奪還。

○長禄元年（一四五七）十二月、「長禄の変」で政体（北朝）勢力が、後《ご》国体（南朝）から三種の神器の奪取を試みるが失敗に終わる。

「神器は二つ一組で継承される」ことがわかった

長禄元年（一四五七）、後国体朝の自天皇は三種の神器を持って、出羽国千福地方（現在の秋田県南部）に脱出しました。そして、この地を治めていた小野寺中務少輔家貞《なかつかさしょうふいえさだ》の娘を娶《めと》りました。

その後、国体主は千福屋形小野寺氏奉戴のもと、三種の神器とともに南朝の正統皇統を継承してきました。

ここで南朝が正統皇統という根拠は、三種の神器が代々、国体である南朝正統皇の仮称・小野寺に継承されてきたことにあります。

ここで言う小野寺とは、醍醐天皇の菩提である牛皮山曼陀羅寺《ぎゅうひざんまんだらじ》（随心院《ずいしんいん》）を、通俗では小野寺（京都市山科区）と称したことに始まります。延喜帝といわれた醍醐天皇の名を採って醍醐天皇の意思を継承したのが、後醍醐天皇です。

後の国体天皇が小野寺という醍醐天皇の菩提寺の名を採ったのは、さらに、後醍醐天皇の裔としてその意思を継承する者という意味があります。

ちなみに、私が先ほど「仮称」という言葉を使ったのは、天皇が一般の姓を名乗ることはありえないからです。しかし、長い間の国体正統皇統への迫害の歴史の中で、小野寺という仮姓を名乗らざるを得ない時代があったのです。否、現在においてもそうです。

さらに、通説ではそれぞれ一つずつとされる三種の神器ですが、私には「三種の神器は天皇と皇太子の二つ一組で継承される」という持論があります。

もともと、中華で神器と呼ばれる剣や勾玉は二つ一組でした。これは、陰陽《いんよう》の思想がベースとなっています。

森羅万象や宇宙の現象を、対立する陰と陽に分類して、そのバランスを重視するという考え方です。伊勢神宮の内宮《ないくう》（天照大神《あまてらすおおみかみ》を祭る）と外宮《げくう》（豊受《とようけの》大神を祭る）にも、この思想が採り入れられています。

ですから、**神器も天皇所持のものと、皇太子所持の准《じゅん》神器と称すべきものが存在すると私は考えています。「神璽」の大きさでいえば、大きめのものとそれよりやや小さいものという組み合わせです。**

細かな解説は後述するとして、私の代に至るまで、国体（南朝）の正統皇統が継承してきた三種の神器および准神器について、簡単に説明しておきましょう。

○「剣」は天叢雲剣《あめのむらくものつるぎ》と「壷居剣《つぼいのつるぎ》」の二つ一組。黄帝の血脈である、中華周王朝の十三代平天王が作らせて所持し、以来その血脈において代々継承してきた。

○「神璽」は八尺瓊勾玉《やさかにのまがたま》が大小一組。スメル（一般的にはシュメールと呼ばれるが、スメルの発音が正しいので本書ではこのように記述する）皇帝が所持し、以来その血脈において代々継承してきた。この「神璽」について、北京大学考古学系教授・楊根《ヤンゲン》博士は、

「本門寺鎮寺之宝物、胎形玉質神璽、純然天設、完美無瑕。此爾形制之要義将生命科学的佛法統一焉。（以下略）」

（本門寺の宝物の胎児形の勾玉は純粋な天然のものであり、疵《きず》もない。この璽《まがたま》を造りなした目的は生命科学の仏教的統一か）

と述べておられます。

○「鏡」は八咫御鏡一つ。剣と神璽のあとに加えられた。古代日本の天皇が所持し、その血脈において代々継承していた。

二つ一組という持論の根拠となるのは、国体（南朝）正統天皇において私が継承した三種の神器の「天叢雲剣」にもう一振りの剣がついていたという事実があるからです。

「三種の神器」の中で、時代特定が最も確かな品がこの「剣」であり、その歴史を調べていっ

た結果、一つは王が、もう一つは皇太子が継承するものとわかったのです。

鏡に関しても、それを証明する出土品が仁徳天皇陵から出土しています。

では、なぜ、「三種の神器」のうちの「剣」と「神璽」という外国の皇帝の象徴が、日本に伝わり、日本の正統皇室の象徴となっているのでしょうか。

それは日本の正統皇室の血脈の歴史が関係しているからです。つまり、正統皇室はその歴史を経過して今日ある、すなわち、彼らの正統子孫であるという事実を物語っているのです。

現在の政体天皇家において、三種の神器といえば、天皇はもちろん、誰一人その実物を見ることが許されない「幻の存在」となっています。

しかし、私は継承してきた三種の神器を公開しています。これまでに、鑑定や調査は公的機関や専門家に依頼してきました。

なぜそうしたかといえば、タブーを取り払わなければ、真実の解明はできないと考えたからです。

このような歴史を所持する唯一無二の神宝ですから、奉るための神殿や保存のための宝物庫がどうしても必要となります。

では、なぜ南主が数百年にわたって守り抜き、三種の神器を受け継いでこられたのか。

一つには「地理的な要因」が挙げられます。本書で解説してきたように、中央権力の座から離れた国体（南朝）の皇統は、東北地方に強大な勢力範囲を持つ千福屋形一族に奉戴されてきました。しかも、黄金山から採取した黄金の備蓄を背景に、千福屋形は国体（南朝）皇統の経済面をしっかりと支えていたのです。

『日本書紀』の一部は中華の周文化にさかのぼる

『日本書紀』には多くの伝説が混乱して記されています。私はその原因を以下のように分析しています。

『日本書紀』の神代《かみよ》とは、「神＝示申（示して申す）」とあるように、昔からの言い伝えという形で、種々の説が伝えられてきたものではないか。

現存の『日本書紀』の完本は、神代の上下に関しては弘安九年（一二八六）に完成しました。ちなみに、『王代紀《おうだいき》』はそれ以降に書かれています。

『日本書紀』が成立したのは、養老四年（七二〇）です。時の流れの中で散逸《さんいつ》したことから、中世中華に持ち出された史料を取り戻し、それを活用しながら仕上げたものが現存する『日本書紀』ではないかと考えられます。

というのも、『日本書紀』の原点は中華の周文化にさかのぼるからです。

大陸に居住していた時代に日本皇統の太祖がつくった『周易《しゅうえき》』の中には、「王の百年」という思想がありました。これは、「皇帝は百代で交代する」という易姓《えきせい》革命論です。

しかし、これを日本の天皇に当てはめてしまうと、皇位の継承性が欠けてしまう論拠となってしまいます。それでは都合が悪いので、その箇所は省かれてしまいました。これが、混乱の理由の一つです。

また、天皇の年齢に関する混乱もあります。

天皇が生まれたときからの年代が記載されている部分もあれば、即位したときから記載されている部分もあります。たとえば、神武天皇は本当は七十歳代で亡くなっていますが、即位のときから数えた分を年齢に足してしまったので、百二十歳代と計算されてしまったわけです。

ちなみに、『旧約（舊約《きゅうやく》）聖書』には登場人物が「九百歳まで生きた」とか、「千歳まで生きた」という記述があります。それが、『旧約聖書』では人類の成立史の基本、すなわち人類がどのくらいの年代に作られたかを推測する根拠にされています。

キリスト教文化ではそれが受け入れられ、日本人もそのまま受け入れているようですが、これが日本の天皇となると話が違うようです。

「神武天皇は百二十歳代まで生きた」などと聞くと、「そんなバカな！　認めない」という反応になるようですが、西洋人が『旧約聖書』を柔軟に受け入れているようにできないものでしょうか。

ともあれ、編纂する側の思想も、時代によってさまざまでした。「天皇は長寿であればあるほどありがたい存在」という思想の時代だったので、記録も長寿にしておけばいいという作為が働いてしまったのでしょう。

では、正確な天皇の年齢を知るには、何を基準として計算するべきか。

『日本書紀』には各天皇の歴史を記述した箇所に必ず一カ所、「太歳《たいさい》（大歳）」と呼ばれるものが書かれているところがあります。この言葉は、周王朝で作られたものであり、その年の干支を記したものです。


歴史研究家はこの太歳に注目していませんが、これを基準として読めば、各天皇の正確な年齢がわかるのです。


たとえば『日本書紀』の「神武天皇紀」に「余謂《われおも》ふに、彼の地は必ず以て大業《あまつひつぎ》を恢弘《ひらきの》べて天下に光宅《みちを》るに足りぬべし。蓋《しか》し六合《くに》の中心か（中略）何ぞ就《ゆ》きて都つくらざらむ（中略）とます。是年太歳甲寅」とあり、次いで神武東征の記事があります。

この是年の太歳甲寅とは後漢の頃から六十年を一周期とする紀年法が用いられています。神武天皇も所持した三種の神器の周天王の剣から神武天皇を周天王の裔と認定すれば、周王朝の滅亡は西暦紀元前二四九年で、干支でいえば壬子《じんし》です。

時代環境をとらえて太歳甲寅を考証すれば、西暦紀元前一八七年の甲寅の年が神武天皇四十五歳のときとなるのです。

現在の日本の歴史では神武即位を西暦紀元前六六〇年の辛酉《しんゆう》としていますが、私は神武即位を西暦紀元前一八〇年の辛酉と設定しています。このように、この年次を基礎として『日本書紀』の王代記を読めば歳月の問題はすべて解決するはずです。

ちなみに、現在の皇室の継承のあり方は周王朝の時代の方法を踏襲しています。どういうことかというと、「先代天皇が亡くなってから即位する」というやり方です。

先代天皇が亡くなると、先代をちゃんとお祀りしてから、皇位を継承するのです。ですから、父が長命の場合、その皇子が天皇となっても、即位してから二、三年しか経たずに亡くなってしまったケースもたくさんあります。

「天皇」という称号は周朝の十二代幽王の子の平王からとった

『日本書紀』の「神代上」には、次のような記述があります。

「酒を盛ってヤマタノオロチを眠らせた素戔嗚尊《すさのおのみこと》が、持っていた霊剣である十握剣《とつかのつるぎ》を抜き、斬ったところ、尾のところで刃が少し欠けた。その尾を裂いて中を見たところ、一振りの剣があった。

ヤマタノオロチの頭上に常に雲気がかかっていたため、素戔嗚尊は『天叢雲剣』と名づけ、天照大神《あまてらすおおみかみ》に奉納し、天孫降臨の際に瓊瓊杵尊《ににぎのみこと》に手渡された。その後、日本武尊《やまとたける》が草薙剣と改名した」

また、『日本書紀』の「大帯日子天皇《おおたらしひこのすめらみこと》＝景行《けいこう》天皇紀」の記述ではこうなっています。

「十二代景行天皇のときに、皇子であった日本武尊が東征の道すがら、伊勢に詣でた。そのとき、叔母の倭姫命《やまとひめのみこと》から天叢雲剣を授けられた。

その後、焼津《やいづ》の地で敵にあざむかれて野原で焼き討ちにされたが、腰元にあった天叢雲剣が生き物のように勝手に飛び出し、草を薙《な》ぎ払い、皇子の窮地を救った。

このときより、天叢雲剣を草薙剣と改名した」

しかし、**「三種の神器」の剣と、日本武尊が所持していた剣はまったく別のものです。**それを証明するために、私は国体（南朝）正統天皇である小野寺に伝来する「天叢雲剣」について語りたいと思います（次ページの写真参照）。

その剣には「天叢雲剣」と呼ばれるのにふさわしい、雷紋、雲紋、および「天王剣」の東周《とうしゅう》文字が刀身に象嵌《ぞうがん》されています。象嵌とは、地の素材を彫り、ほかの材料をはめ込んで模様を表す技法です。

しかも、「天叢雲剣」はもう一振りとひと組になっています。そのもう一振りの剣は天叢雲剣よりもひとまわり小さく、

「倹令王兒《けんとせしむおうのこ》、子宗宮《しそうぐうの》用《もちいる》」

と二列に分けた金象嵌の銘があります。

「この剣を持った者は、王の最も優れた息子である」すなわち、跡継ぎという意味でしょう。

これは「壷居剣《つぼいのつるぎ》」と称され、皇太子が伝持する剣として、代々伝えられてきたものです。

その由来も解説しておきましょう。

国体（南朝）正統天皇に伝わる「天叢雲剣」と「壷居剣」の製作年代は、複数の専門的研究者の意見では、

「周王朝、春秋前期」

とされています。とすると、周王朝建国の武王から三百年ほどを経た、西暦紀元前八〇〇年頃の周朝の十二代幽王《ゆうおう》の時代に、話はさかのぼります。

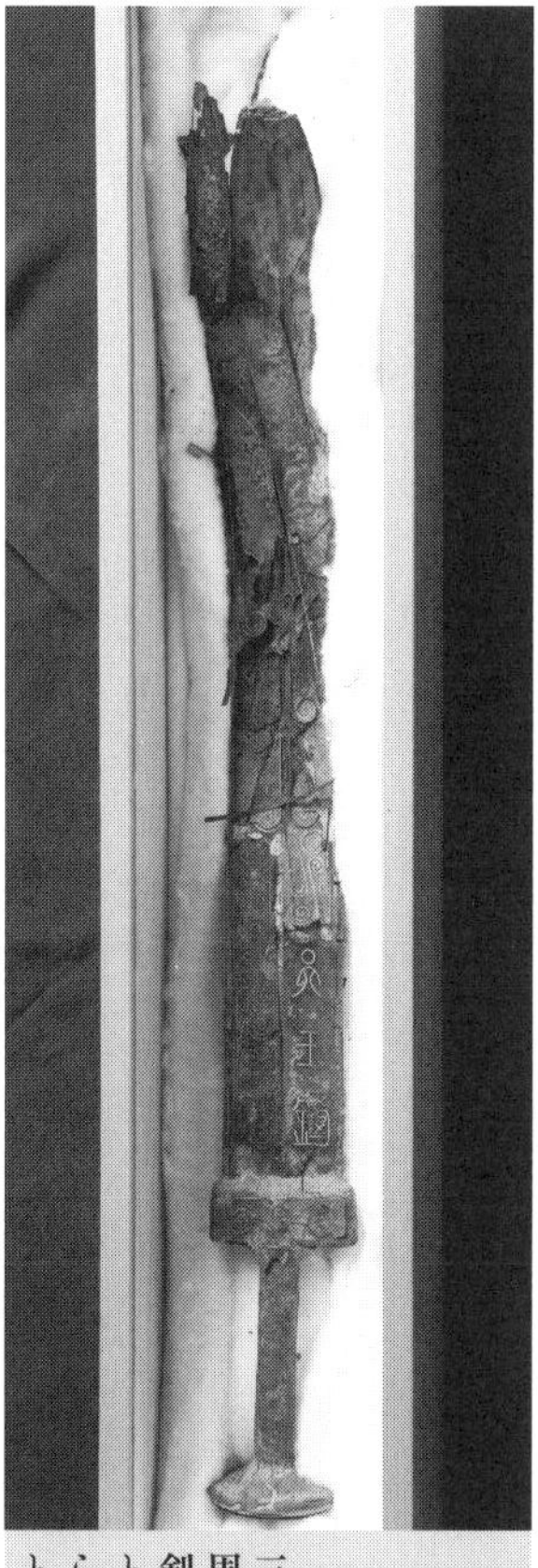

三種の神器の一つ、「宝剣」。周王朝十三代・平王が造った剣で、「天王剣」の象嵌文字と「雲文雷文」の象嵌文様から、我が国では「天叢雲剣」と称される

幽王は褒似《ほうじ》という妾を溺愛《できあい》しました。そのため、皇后と皇太子の「宜臼《ぎきゅう》」を退かせ、褒似の息子である伯服《はくふく》を皇太子に立てるという事態を引き起こしました。

これに対して、たび重なる幽王の失政に不満をくすぶらせていた周の諸侯が、宣臼に加勢して、周は西と東に分かれて戦いを始めました（春秋時代）。この戦いで宜臼が勝利して即位し、「平王《へいおう》」と名乗ります。

平王はこのような混乱を二度と生じさせないため、王の証《あかし》として「天王剣」を造らせました。同時に、王位継承の乱れを防ぐために、王位継承者としての皇太子の証拠となる「壷居剣」も造らせます。その剣に「倹令王兒、子宗宮用」の象嵌文字を施したのです。

平王以前の周王は「天子」と称していましたが、この平王は人として最初に「天王」を名乗った方です。平王以降の周の王は天王と名乗りましたが、権威はあっても、次第に権力である軍事的実力がともなわなくなっていきました。

日本の「天皇」という称号の由来には種々の説があるようですが、本来はこの平王が天王と名乗ったことに由来します。

「天照大神の末裔が周の初代王」を示す品が南朝天皇に伝えられている

次に、『日本書紀』が成立した養老四年（七二〇）より以前の中華での日本に関する記録を紹介しましょう。

まず、『日本書紀』成立の二百年ほど前に、梁の宝誌和尚《ほうしわじょう》が『野馬台之詩《やばたいのし》』を著し、その中で、日本を「東海姫氏の国」と記しています。

また、『日本書紀』成立の九十一年前に隋で成立した『梁書《りょうじょ》』にはすでに、

「倭は自ら太伯《おおかみ》の後と云う」

と書かれています。「倭人は自ら、おおかみの子孫を名乗っている」という意味です。

また、唐の張楚金《ちょうそきん》の書いた『翰苑《かんえん》』では、晋の二八〇年頃の人である魚豢《ぎょかん》が書いた『魏略《ぎりゃく》』の逸文を引用して、

「其の旧語に聞くに自謂太伯之後」

と記されています。これは「(倭人に)昔の話を聞いたら、自ら太伯(泰伯)の後裔だと言った」と解釈されています。

張楚金はこの太伯を、大王と尊称される周の古公亶父《ここうたんぽ》の長子・太伯ととらえたようですが、これは読み方が間違っています。「自謂太伯之後」とは、「自ら《みずか》謂(言)う、おおかみの後《のち》」と読むべきなのです。

「太伯」とはスメル語で「アン・ディンギル」と呼ばれる太陽神、すなわち「天照大日霎貴《あまてらすおおみかみ》」(天照大神)のことです。つまり、「天照大日霎貴の末裔だと言った」ということです。

古記録の一部には誤って日本の皇統を「大王の長子、太伯(泰伯)の子孫」と述べているも

のがありますが、なぜその太伯ではないのかといえば、太伯は王位を継承していないからです。亶父には長男・太伯、次男・虞仲《ぐちゅう》、三男・季歴《きれき》という息子がいました。亶父は三男の季歴に殷王から嫁を迎え、殷の血筋の孫の「昌《しょう》」が生まれました。季歴の息子である昌に跡を継がせれば、殷王の親類になるので周も安泰です。

これを聞いた長男の太伯と次男の虞仲は、季歴に跡を継がせるために、相続権を捨てて、蘇州（揚子江河口の北にあり、今の江蘇省）に移りました。

太伯は東・南の蛮人を集め、土地の習俗にならって自ら刺青《いれずみ》をし、髪を切り、呉の始祖となりました。

ですから、亶父の正統な継承者は季歴、昌（のちの文王）と続き、昌の息子が周王朝初代の武王《ぶおう》となるのです。それを証明する品が、国体（南朝）正統天皇には武王から三千年の時を経て、今も伝えられているわけです。

それは文王（昌）の息子・武王が所持していた「武符《ぶふ》」と「八尺瓊勾玉＝神璽」です。八尺瓊勾玉は、商の紂王《ちゅうおう》に一度奪われ、天地の玉といわれていましたが、それを武王が奪回したのです。

武符については、中華故宮遺品鑑定の絶対的権威者といわれた王博士の子息の同済大学・王海彪教授（米国スタンフォード大学材料研究センター）が、「本品は髪毛をもって穴を削り取った品で、ほかには存在せず、周の武王の遺品であることは疑いを入れないところだ」と述べています。

『日本書紀』に登場する「武天王」の死後の称号の正しい意味

「天王剣」が「天叢雲剣」や「草薙剣」と呼ばれるようになったのにも、理由があります。これは『日本書紀』の記述とはまったく違うものです。

叢《むらがる》という漢字の意味は読み方の通り、「むらがる」であり、天叢雲剣には「天王とは諸王を叢らせしめる」という意味がこめられています。

また、「叢」は「くさむら」の意味も含みます。その「草」とは「王にまつろわぬ民」の意味です。そして、「薙」とは「まつろわせる」の意味です。つまり、「草を薙《なぎ》って従わせる＝従わない異民をはらい、薙ぎ倒して従わせる」という意味から、「草薙剣」とも呼ばれたのです。

このように、日本皇統で三種の神器の一つとされる剣は、周の平王が造らせた「天王剣」であり、周王朝の正統王権をも証明するものなのです。

では、先に述べた武王から続く、周王朝の正統王権がどのように大日本皇統初代の神武天皇につながっているか、解説しましょう。

紀元前二五六年、周王朝三十七代の赧《たん》天王は、周の侯王であった秦の始皇帝に国を奪われてしまいます。赧天王の跡を継いだのは、東周の武公の孫である「武天王」でした。

武天王は秦に追われ、家臣を従えて山東の地を経て、遼東《りょうとう》半島の箕子《きし》朝鮮へ入ります。しかし、箕子朝鮮も秦に敗れてしまい、逃げるところは箕子朝鮮の東南にある半島の伽耶《かや》（加羅）しかありませんでした。

『日本書紀』には「武天王」の死後につけられた称号として「彦波瀲武鸕鷀草葺不合尊《ひこなぎさたけうかやふきあえずのみこと》」と記されていますが、この文字は誤りで、正しくは「彦波瀲武宇伽耶不合尊」です。

その名前には意味があります。名前の頭にある「彦」は日子で、黄道《こうどう》すなわち太陽の一年間の軌道を支配する人格であり、黄帝《こうてい》と呼ばれた人の正統な血脈としての周王室の中華の「華」という文字で表言するところのバランスのよい、くっきりとした人格者という意味になります。

黄帝（紀元前二五一〇～紀元前二四四八）が中国を統治した以降の四人の帝と、夏《か》、殷、周、秦の始祖をはじめとする数多くの諸侯が、黄帝の子孫であるとされています。その黄帝が即位する前に名乗っていたのが、姫水《きすい》のほとりに生まれたことにちなんだ「姫」姓だったのです。「姫」という姓はその後、黄帝の玄孫《げんそん》（孫の孫）である、邰《たい》王の弃《き》（のちの后稷《こうしょく》）のみが継承しています。

「彦波瀲武宇伽耶不合尊」の「波」は接続詞であり、「傾く」の意味を含みます。「瀲」は「連なる」を意味し、「武」は名前です。そして、「宇」は八紘一宇の表現のごとく統一を表し、「伽耶」は地名で、「伽耶（加羅）」の地を平定統一しようとしたが、うまくいかなかった」という意味になります。

つまり、これらを総合してとらえると、「彦波瀲武宇伽耶不合尊」は

「周王室の血脈を受けた武という人物だったが、伽耶の完全統一に成功しなかった」

という意味になります。

この彦波瀲武宇伽耶不合尊（＝武天王）は、遼東の地から伽耶に逃げてそのまま定住します。その後、秦は西暦紀元前二二一年に中原を統一したものの、西暦紀元前二〇六年に滅亡しました。秦に次いで中原の再統一を果たしたのが漢です。

その頃、武力によって大陸を追われ、朝鮮半島南部に居住した種族は、周王の分族である「韓王」に従属した民として、「韓」と呼ばれていました。

その背景には周王朝の末期には周王の分族であった「韓王」の方が勢力は強大であり、韓王が周天王を奉戴して伽耶国に移ったという事実がありました。

しかし、漢が朝鮮半島へ攻めてくるようになると、周の天子として漢が敵なのか、味方なのか、判別しにくい状況になってきました。なぜならば周天王には姫姓を名乗る同族、すなわち随・息・蔡・鄭・晋・衛・曹・滕・魯・燕の王が存在し、それらと漢の関係がつかめなかったのです。また、その他、旧臣の諸侯が中原には存在していたからです。

しかし長い年月を戦乱の中で生き残ってきた種族ですから、相手を敵と考えて用心する方が間違いありません。となると、自然とその目は海を隔てた山島《やまと》（大和）列島へ向くことになりました。

伽耶と山島を行き来しながら、山島の様子を見てみると、どうやら大した敵がいないようだとわかります。半島よりも暮らしやすそうだということもわかってきました。

とはいえ、今まで暮らしていた伽耶をすぐには捨てられず、武天王と周族ははじめのうち、伽耶と山島を行き来しながら、静かに移住を始めました。

そして、「天叢雲剣」と「壷居剣」を含む三種の神器は武天王から、その子の神日本磐余彦《かむやまといわれひこの》尊《みこと》に受け継がれます。

神日本磐余彦尊は即位すると、始馭天下之天皇《はつくにしらすすめらみこと》と名乗りました。この方が日本皇統の初代である神武天皇です。

天王剣の象嵌文字は、周の春秋時代の文字か

私は東京大学東洋文化研究所・平勢《ひらせ》隆郎《たかお》教授に依頼して、「天叢雲剣＝天王剣」を調べていただきました。平勢教授の見解は、

「剣の本体は中国春秋戦国時代の品と思われますが、『天王剣』の銘はあまりにも確然としており、比較すべき品を知らないので判断はできかねます」

というものでした。

一方、北京大学・楊根《ヤンゲン》博士は一見して、

「この剣は中国の歴史文化に重大な影響を及ぼすので、真実の鑑定文書を作成するのは不可能」

との見解でした。

その後、私は前述の通り、「平成十五年（二〇〇三）（ワ）第二九八一九号、動産所有権確認等請求事件」の訴訟の原告となりました。本書の冒頭に述べた玄祖父・大政天皇の墓所が所有者である私に許可なく暴かれ、「納骨器」が持ち出されてしまった件で訴訟を起こしたのです。

裁判では、私の立場を証明するために「天王剣」が本物かどうか、証明をする必要が出てきました。そのため、中華の友人の趙肖山先生に訴訟の内容と事情を話し、協力を求めたところ、趙氏は「訴訟範囲内の証明なら」との条件つきで、了解していただきました。

さっそく、「天王剣」の写真を趙肖山先生から中国の呉邦國《ごほうこく》全国人民代表大会常務委員会委員長を通じて、中国・広東省博物館の林教授に見てもらいました。

林教授は趙氏を通じて、参考意見を書面にて提示してくださいました。その意見は左記の通りです。

「写真『天王剣』の形は中国春秋戦国時代のものですが、真品『先葉剣』（剣の形状から一般的にはこのように称する）は写真の『天王剣』よりも精妙・平滑であって、写真『天王剣』はやや粗造に見えます。秦朝以降、中国王朝は類似の剣を鋳造したことはありません。

剣に鋳《い》られた『天王剣』の三文字は春秋戦国時代の文字ではなく、秦統一後の小篆《しょうてん》です。おそらく、本物は日本の皇室が王室に踏み入り、文字を写し取って造ったものです」

秦の始皇帝は天下統一後、文字の統一をはかるために新しい書体をつくりました。それが、林教授が指摘している「小篆《しょうてん》」です。

これは、西周の複雑な書体の大篆《だいてん》を簡略化したものです。林教授が「剣に鋳られた」と述べているのは、前述したように象嵌です。

秦は東周の平天王から周王朝の故郷・陝西《せんせい》省の岐山《きざん》以西を与えられ、そこから興った国です。それゆえに、秦は周と同じ文字を使用し、その文字を土台として中国全土の文字の統一を行っています。

周文字と秦文字にはそれゆえに多くの共通書体があったことは、すでに歴史学者の王国維《おうこくい》氏の「石鼓文《せっこぶん》」（中国最古の石刻文）研究で明らかにされています。

ですから、私は林教授の「小篆である」との意見には反対で、「天王剣」の象嵌文字は、東周の春秋時代の文字であることは疑いのないものと考えています。

さらに、「本物は日本の皇室が周王室に踏み入り、文字を写し取って造ったもの」という見解にも無理があります。林教授の意見通りだとすると、

「西暦紀元前七五〇年に、神武天皇の先祖となる人物が、何人《なんぴと》かに命じて周王朝の宮廷に踏み

込み、周王の証として厳重に保管されている秘剣・天王剣の文字と剣の形をこっそり写し取って、レプリカをつくった」

ということになるからです。

こんなことを実行するのは不自然な行為ですし、そもそも実行不可能と思われます。そう考えると、北京大学の楊教授の見解が正解でしょう。

八尺瓊勾玉はスメル文明を起こした文明知識人に由来する

国体（南朝）正統天皇に伝来する三種の神器の一つが、「八尺瓊勾玉《やさかにのまがたま》」です。

『日本書紀』をどう解釈するか。それは勾玉の現物を見ているかどうかでまったく違ったものになってきます。

『日本書紀』には「瑞八坂瓊《みずはやさかに》の曲玉《まがたま》」という記述が一カ所だけ出てきますが、歴史学者はまったくそれには注目せず、八尺瓊勾玉を「首飾りである」ととらえています。

国権（母系）の象徴で、これも二つでひと組です。陰と陽、万物を生育させる太陽と月、母親と胎児を表しており、「神璽」と呼ばれています。

由来はスメル文明を起こした人類最古の文明知識人に始まると考えられます。

中華の伝説には、三国時代（二二〇～二八〇）、呉の徐整《じょせい》が記したとされる『三五暦記』があ

ります。そこには、この世のはじめの天地開闢《かいびゃく》のときに、「盤古《ばんこ》」が誕生したという話がありま
す。

盤古とは中国神話の神で、宇宙開闢の創世神とされています。また、人類の歴史も『三五暦記』には「万六千年云々……」と記載されています。

盤古の崇拝する品として太極と呼ばれるのが、「神璽」です。人類最古の文明知識人であるスメル族は、時代の経過の中で周（中華）と大月《おおげつ》支に分かれました。

スメル文明の王権者が東方に巡り至って周と称し、中華といわれ、現地に残った人々は周の分族として月支と呼ばれ、また月の出る方位に残ったことから、月氏とも呼ばれました。**神璽は当然、中華と月氏が分派する以前に作られた品です。**

スメル語で「アン・ディンギル」と呼ばれる生命を司る太陽神の象徴は、八弁放光紋です。八尺瓊勾玉は、この永遠なる八光紋を刻み留めたために「神璽」と呼ばれるのです。

生命を育む色である緑の宝石を「胎児形」に形成し、胎形の頭部に、アン・ディンギルの象徴である八弁放光紋を刻んで生命の成立の起源を表し、人類の世が栄えるための普遍的シンボルとしたものです。これこそが、全世界を統《す》べる救世主としての正統な権利者であることを証明する品です。

しかし、あくまでも「全世界の生命の救世主」という意味で、権力的意味を含むわけではありません。

ちなみに、ユダヤの「ダビデの星」を示す六弁放光星紋は「八弁放光紋」の変形です。また、菊の花を英語では「クリサンテマム」といいますが、この言葉はクリスト（スメルの末流、ユダヤの予期する救世主）とアンテマム（花弁）の合成語で、クリストの花、つまり、「救世主の華」を意味しています。

神璽はもちろん、「三種の神器」は日本では皇統のご神体とされてきたため、見た人はいませんでした。「見てはならないもの」だったからです。

それが、政体府（北朝）の持明院統に「神璽」が奪われるという事件（第2章で詳述）が起

三種の神器の一つ、神璽（勾玉）。神璽の頭部に刻まれている紋は「八放光紋」といい、スメル文明の「アン」の神紋である

きたことから、実際に見る機会を得たのが国体府（南朝）の後醍醐天皇でした。

天皇の紋《しるし》として、初めて十六弁菊花紋を使ったのは後醍醐天皇です。「八尺瓊勾玉」の表裏に刻《しる》された、二個の八弁放光紋を組み合わせて十六弁としたことが伝えられています。

天皇の象徴はもともと十六弁放光紋だったのですが、後鳥羽天皇がたいへん菊花を愛されたので、現代ではそれを「十六弁菊花紋」と呼んでいるのです。

八咫鏡には『日本書紀』の記述と一致する傷がある

「剣＝天王剣」は血統（父系）の象徴であり、「神璽＝八尺瓊勾玉」は国権（母系）の象徴であり、胎児、太陽と月の関係を表しています。この剣と神璽の意味を合体・調和させるために、あとから「鏡＝八咫鏡」が加えられて、「三種の神器」となりました。

『日本書紀』には、天孫降臨のときに天照大神が孫の瓊瓊杵尊《ににぎのみこと》らに与えた三大神勅《しんちょく》（神の与えた命令）について書かれています。そこには、日本を治めるための三つのルールについての命令があります。

一つは、「宝祚《ほうそ》無窮《むきゅう》の神勅」として、

「秋になると稲穂が良く育つ葦原《あしはら》の国（日本）は、私より続く皇孫《すめみま》が統治しなさい」

というものです。

もう一つは、「斎庭《ゆにわ》の稲穂の神勅」として、

「直系の代々の天皇に、神聖な稲穂を作る田んぼでできた穂を与えるので、地上で育て、主食とさせて国民を養いなさい」

と伝えられました。

三つめは「八咫鏡」について述べられています。「同床共殿《どうしょうきょうでん》の神勅」として、

「この鏡（八咫鏡）を私（天照大神）の御魂と思って大切に祀りなさい。またいつも同じ床、同じ屋根の下に必ず置いてしっかり祀りなさい」

とされているのです。

しかし、崇神《すじん》天皇（第十代）のときに、八咫鏡と天王剣は宮中から出され、伊勢の皇大神宮（内宮）に祀られることになりました。その八咫鏡と天王剣を伊勢皇大神宮より宮中に戻したのが、後醍醐天皇です。

その後、「明徳の和約」（一三九二）により、「神璽」は一時、政体府（北朝）の持明院統に移りましたが、「嘉吉《かきつ》の変」（一四四一）によって国体府（南朝）の正統皇に戻って以来、今日まで国体府（南朝）正統天皇家に三種の神器として継承されてきました。

私が所持するのはその後醍醐天皇から継承した「八咫御鏡」です。保管するための箱には「神鏡」という文字が書かれています。

この八咫御鏡には古い小さな傷が一カ所あります。そして、鏡の背には四十五文字の銘文が

三種の神器の一つ、「神鏡」。著者が所持する後醍醐天皇から継承した「八咫御鏡」。『日本書紀』の記述と一致する傷がある

刻まれています。

青蓋伯竟大毋傷（天を蓋《おお》う　神のつくれる　優れた竟《かがみ》　傷なく）
巧工刻之成文章（巧みに巧みに　これに文と章を刻み飾りなす）
左龍右寅辟不羊（左龍右虎　天子の祥《きざし》いならざるを　のぞきさる）
朱雀玄武順陰陽（朱雀《すざく》　玄武《げんぶ》　陰陽に順《したが》い）
子孫備具居中央（天子の子孫　すべてを具《とも》に備え　中央に住まい）
長保二親楽富昌（長く二親を保ち　富楽しむこと　まさに）

寿敝乎　　　（久しく　敝《やぶ》れる　ことなし）

意味を一言でいえば「これを受け継ぐ者は、王として子孫、家族に恵まれ、永遠に栄える」ということです。

この八咫御鏡には古い小さな傷が一カ所ある、と先に述べましたが、これを裏づける記述が『日本書紀』にあります。『日本書紀』の「神代上」に、

「ここに日神《ひのかみ》、方《まさ》に磐戸《いわど》を開けて出でます。
是の時に、鏡を以て其の石窟《いわや》に入れしかば、戸に触れて小瑕《しょうか》つけり。
その瑕、今に猶存《うせず》す。
此即《これすなわ》ち伊勢に崇秘《いつきまつ》る大神なり」

とあるのです。つまり、「日神（天照大神）は、磐戸を開けて出てこられた。このとき、鏡をその石窟の扉に差し入れたので、石戸に触れて小さな傷をつけた。その傷は今も残っている。これが伊勢におられる大神である」と書かれています。

『日本書紀』に書かれている通りの古い傷が、代々南主が奉祀してきた「八咫御鏡」の表にあることも、この「八咫御鏡」がまさに本物であることの証拠と言えるのではないでしょうか。

私蔵の八咫御鏡と同形同文の鏡が仁徳天皇陵から出土している

この八咫御鏡は同心円を基本とした径十八・五センチで、中心に九つの乳《ち》を数え、その外側に七つの乳があります。乳というのはイボ状の突起のことです。

「九」は「すべて」を表す数ですから、「統治」という意味があるのではないかと私は考えています。ただ、数よりも、ここに示されている文字の意味が大切です。

その七つの乳の間に「龍」「天禄《てんろく》」「朱雀《すざく》」「寅」「辟邪《へきじゃ》」「玄武《げんぶ》」「豢竜氏《かんりょうし》」の文様が刻まれているのです。

「天禄」と「辟邪」は古代中国の想像上の動物です。神獣として印章・墓碑などによく刻まれています。両者は名前が違いますが、同じ神獣として、一対で扱われています。

「朱雀」は古代中国の四神の一つで、南方の守護神とされています。

「玄武」も四神の一つで、北方の守護神とされています。

「豢竜氏」は龍を養い、育てることができる一族を指します。

「青蓋（天を蓋《おお》う）」の文字の横には「玄武」の文様が刻まれています。

このようなデザインの鏡は通称、獣帯鏡《じゅうたいきょう》と呼ばれ、幾何学的に大変複雑で高度な造りになっています。ちなみに、この八咫御鏡と同形同文の鏡が仁徳天皇陵から出土しています。

現在はアメリカのボストン美術館に収蔵されていますが、その鏡の拓本（刻まれた文字や模様に紙を当てて写し取ったもの）が東京大学東洋文化研究所に保管されているそうです。同大学の平勢隆郎教授によれば、同形同文といっても、正確には私の所持する八咫御鏡とは少しだけ違いがあるとのことです。

仁徳天皇陵の鏡には、鏡の背に刻まれた銘文が四十五文字以上あったそうです。最後の「寿敝乎（久しく敝《やぶ》れることなし）」の敝と乎の二文字の間に、「侯王金石如」の文字が加わっているそうです。

その「侯王」とは、中国の周の時代に始まった身分のことです。

周室の大王（天子・大王）の分族、あるいはそれに準じた者が「侯王」と呼ばれました。中央主権者に仕える主権者という意味です。「金石如」は固く結ばれた、という意味です。

『日本書紀』では仁徳天皇が即位するまでを次のように語っています。すなわち、

「応神天皇の嗣子《しし》は和珥臣《わにしん》の日觸使主《ひふれのおみ》の女、宮主宅媛《みやぬしのやかひめ》が産んだ菟道稚郎子皇子《うぢのわきいらつこのみこ》であり、異父母の仁徳をして菟道稚郎子皇子の輔《たすけ》と定め……」

この後の部分も含めて要約すると、「応神天皇が亡くなり、その皇位継承者は菟道稚郎子皇子だった。皇子には異母兄の大鷦鷯尊《おおさざきのみこと》がいた。太子は即位せず、大鷦鷯尊と互いに皇位を譲り

合い、空白の時間が生まれた。その間に、異母兄の大山守皇子《おおやまもりのみこ》が皇位をめぐって太子暗殺を企て、争いを起こしたこともあり、皇子はこのまま空位のままでは天下の煩《わずら》いになると思い悩み、皇位を譲るため、自殺してしまった。こうして大鷦鷯尊は即位して、のちの仁徳天皇となった」ということです。

しかし、実際にはそんな生やさしい時代ではなかったのです。当時は皇位継承をめぐって、異母兄弟、従兄弟が殺し合いをするなどは当たり前でした。

私は、仁徳天皇が即位するまでの流れは次のようなものではなかったかと思っています。

まず、大鷦鷯尊（仁徳天皇）の母は韓半島の女性でした。菟道稚郎子皇子（宇治天皇）の母は山島（大和）列島で大和の奈良盆地北部に勢力を持った中央豪族・和珥氏《わにうじ》の娘、宮主宅媛《みやぬしのやかひめ》でした。

「山島列島を治めるためには、列島人を母に持つ菟道稚郎子皇子がいい」

というのが、応神天皇の考えでした。

当時は伽耶と山島列島の人々が頻繁に行き来していた時代です。菟道稚郎の異母兄の大鷦鷯尊は韓半島から優れた武器を取り入れて、武装しました。その結果、宇治天皇（菟道稚郎子皇子）が負けてしまいました。

追われる身となった宇治天皇の子孫は、そのまま越前（福井県）に逃げました。その子孫がのちに第二十六代、継体《けいたい》天皇となるのです。

三種の神器は皇統の身分を証明するために継承されてきました。八咫御鏡を応神天皇が所持し、それを宇治天皇が継承しました。

だからこそ、異母兄であった仁徳天皇が所持していた鏡には「侯王金石如」と刻まれているのでしょう。これは、「宇治天皇を永く補佐せよ」という意味であり、それは父・応神天皇による命令だったのでしょう。もちろん、血統の保証の意味も含まれていると考えられます。

第4章
明治天皇すり替え説とM資金と熊沢天皇の真実

著者が訴訟を起こした経緯と理由

明治二年（一八六九）、明治政体府によって駿河国駿東郡阿野庄にあった国体府（南朝）の祖先のほとんどの陵墓が壊され、駿河の富士沼に投げ込まれてしまいました。

戊辰戦争の真実、つまり、「真の東武天皇が国体府の大政天皇であった」ことが証明されたら明治政体府は困ります。ですから国民がこれからもこの嘘を信じ続けるよう、明治政体府は真実を暴く証拠になるようなものをどんどん破壊していきました。一方で、「東武天皇は輪王寺宮」という宣伝をしたのです。それゆえに国民は嘘を信じています。

私の手もとにあった過去帳なども、昭和三十六年（一九六一）くらいまでは詳しく書いたものがあったのですが、それも敗戦からの再建に関する思想の相違から父と伯父が対立し、そのトラブルの渦中で紛失してしまいました。

繰り返し述べますが、東武天皇は実は、私の玄祖父で、国体府大覚寺統（南朝）の大政天皇でした。

大政天皇は仙台伊達慶邦に擁立され、正統皇位の復活を目的として戊辰戦争を起こしましたが、反対に敗れ、国賊として明治政体府から追われました。そこで、出家の体《てい》をなして民間に隠れました。

さらに、死去したと思わせるため、生前に自分の墓所を親戚関係にある仙台伊達家の東京高輪東禅寺にある墓所の中に造りました。その墓所の高台の中央部には、燦然と輝く十六弁菊花紋金具を正面につけた宝塔が築かれ、それにはのちに港区が重要文化財に指定する青銅製の「納骨器」が納められていました。

この青銅製容器の本来の用途は、神璽保管器です。

その後、大政天皇が亡くなったので、曾祖父が相続しましたが、明治二十三年（一八九〇）、官憲によって破壊されたものの、その墓所は父を経て私が相続しました。そして平成六年（一九九四）一月十四日に本件墓所を移転した港区白金台の瑞聖寺山内の墓所の改葬許可証を港区から得て、一月二十一日にその大政天皇の墓所の改葬に取りかかったところ、改葬途中で瑞聖寺から「隣接地で納骨式があり、危険があるといけないので工事を一時中止してほしい」と願われて一時中断しました。

その三カ月後の七月三十日、私は突然吐き気を催し、病院に駆け込みました。検査の結果、急性壊死《えし》性膵臓《すいぞう》炎《えん》と胆管炎・胆嚢炎・腹膜炎を併発していることがわかりました。「しばらく絶対安静にして、少し病状が落ち着いたら開腹手術をする」と医師から言われました。

平成六年八月十五日に開腹手術。九死に一生を得たのです。

その後、退院し、約半年ほど療養生活を余儀なくされました。

入院のために工事は大幅に遅れました。瑞聖寺から移動した墓碑の設置場所も定まり、改葬工事再開の連絡を入れようと工事業者と打ち合わせをしていました。

その矢先、宮城県登米《とめ》郡登米二万石を支配し、登米伊達と呼ばれた旧伊達一門末裔の白石氏より、友人の西村氏を通して、平成八年（一九九六）三月十九日付の『日本経済新聞』の記事のコピーが送られてきました。

その記事を見て、寺側は墓の所有者である私の許可なく勝手に私の墓所を掘り起こし、「納骨器」を持ち出して港区に寄贈してしまっていたことを知りました。

さらに調べてみると、大政天皇の納骨器がいつのまにか港区の「重要文化財」となって保管され、ＮＨＫや読売新聞などに紹介されていたこともわかったのです。

平成八年三月十七日付の新聞各紙の見出しを挙げてみます。

「青銅容器から胞衣桶、伊達家の墓地で発見、鶴・亀・松・竹の図柄」（日本経済新聞）
「鶴亀文様の胎盤入れ　伊達家墓所跡で見つかる」（読売新聞）
「鶴を描いた伊達家の桶」（朝日新聞）
「四代藩主綱村の長男扇千代の胞衣桶と判明」（産経新聞）
「伊達家墓所から出土の桶、支配階級では全国初」「『鶴亀の装飾胞衣桶』東京伊達家墓跡から出土」（毎日新聞）

そこで私は「間違っている報道をしているのだから、報道の誤りを正してほしい」と各紙と交渉しましたが、「行政の記者会見の発表であるから行政が改めて発表すれば考える」という態度で、こちらの主張が誤っているかのような論調でした。

真実を報道するのが新聞社のはずですが、これでは戦前の大本営発表と同じです。

これは国家の根幹に関わる問題ですから、徹底的に調査して報じなければいけないのに、行政の発表をそのまま書いているだけの新聞に存在価値があるのでしょうか。

日本ではさまざまな問題が起きても、報道によってすぐに世論が先導されます。このようなことをしている新聞社は、行政のためにその世論をまとめ、誘導する役割を担っているだけなのではないかとさえ思ってしまいます。

このような状況では埒《らち》が明かないので、平成十三年（二〇〇一）七月、私は改葬に至る事情を『正統天皇と日蓮』（いしずえ出版）という本にまとめて発表しました。行政は寺の所有物ではないことを知りながら、寄贈を受けたとして、「重要文化財」としたのです。

私が先祖の遺品を奪還するには、訴訟を起こすしかありませんでした。

最初は刑法第百九十一条の墳墓発掘死体損壊等、および刑法第二百三十五条窃盗罪で告訴、告発状を作成して、高輪警察署に持ち込みました。しかし、「公訴時効の関係上、時間的に立証は無理だが、事情聴取はする」との返答を得ました。

そこで平成十五年（二〇〇三）十二月二十五日、東京地方裁判所民事部に港区区長、港区芝白金台の宗教法人瑞聖寺、仙台伊達当主・泰宗の三人を被告人として、玄祖父の遺骨（青銅製容器とその内容物件）の奪還を目指す訴訟を起こしました。

区の主張は、所有権の存在しない「瑞聖寺からの寄付により、港区の所有となった」というものでした。

この民事裁判は、二年後の平成十七年（二〇〇五）十一月二十四日、原告の私に「請求棄却の判決」が言い渡され、終わっています。しかし、裁判所が棄却としたその判決理由にこそ、真実が隠されていました。

判決理由は、**その墓が小野寺勇蔵（大政天皇）のものであり、私が大政天皇の玄孫であることをはっきりと認めているのです。**しかし、「その墳墓から発掘された埋葬品を返す必要はない」というのです。「伊達家の品と認め伊達家から譲渡を受けたと主張するのであれば原告の所有物である」というのですから、あまりにも奇妙な判決と言うしかありません。

詳しくは『世紀の敗訴　失われた宝と復活した正史』に、裁判所への提出証拠も含めてまとめましたので、ご覧いただければ幸いです。

大室寅之祐こそ本物の明治天皇だと証明する書画がある

「明治天皇すり替え説」というものが、最近、巷をにぎわせているようです。

「明治政体府の初代首相を務めた伊藤博文は、元は長州藩の殺し屋だった。幕末期に岩倉具視と共謀して孝明天皇と後継者の睦仁《むつひと》親王を殺害した。そのうえで、倒幕派とともに、長州に住んでいた南朝の末裔と称される大室寅之祐《おおむろとらのすけ》を擁立。睦仁親王の名で即位させ、東京に遷都して本物の明治天皇として振る舞わせた」

というものです。

この説を考察・検証するときに、参考になる書画《しょが》があります。

土佐藩士で明治維新後に新政体府の要人となった土方久元《ひじかたひさもと》という人物がいます。楠木正成に憧れ土方楠左衛門久元と名乗り、文久三年（一八六三）、藩命により京都へ上ったといわれています。

その彼が八十六歳のときに描いた「竹田街道下る図」と題する書画があります（203ページの写真参照）。

普通、天皇が都を離れることはありませんから、これは「天皇の都落ち」のようにも解釈できます。しかし、久元はその書画に賛を書してはっきりと「自分が龍（天皇）を連れていった」と示しているのです。

どういうことか、説明しましょう。

書画の写真で先頭に立っているのが久元本人であり、真ん中に子供がいます。さらに、行列の上部に久元の直筆で「龍」の文字が書かれています。

「龍」というのは、普通、天皇を指します。「龍」は野に下ると「虎＝寅」になるといわれています。

大室寅之祐という名前を分解してみると、「大室」という姓の中には天皇の居所全体を指す「大内裏《だいだいり》」の意味が入っており、「寅」という字には「野に下った天皇の通称」の意味が込められています。

つまり、「大室寅之祐とは明治大行帝その人である」というのが私の結論です。

明治大行帝は土方久元らに連れられて、一度野に下ったのでしょう。そのときに大室寅之祐と名乗ったのではないか。つまり、明治天皇はすり替えられたわけではなく、明治天皇本人が極秘裏に一度都落ちし、また京に戻ったということではないか。

いずれにせよ当時、この書画は絶対の秘密とされました。久元が宮内大臣を辞めて、後任に就いたのが田中光顕《みつあき》です。

土佐藩出身で官僚、政治家となった田中光顕は、のちに「闇の帝王」とまでいわれるようになりますが、その背景には久元の書画にまつわる秘密が隠されていると思われます。

ちなみに、この書画は最近まで私の手もとにありましたが、ある研究者に貸し出したところ、いつの間にか行方がわからなくなってしまいました。その経過もなんとも不可解です。

その後、「どこかで見た」とか、「価値のわからない人が三千円で売り出していた」とか、噂話しか聞こえてきません。現在、私の手もとには写真のみが残っています。

三條実美は尊攘派公卿の中心人物でしたが、会津・薩摩から追われて、三条西季知《さんじょうにしすえとも》・東久世《ひがしくぜ》通禧《みちとみ》・壬生基修《みぶもとなが》・四条隆謌《たかうた》・錦小路頼徳《にしきこうじよりとみ》・沢宣嘉《さわのぶよし》とともに、計七名で長州藩領の三田尻《みたじり》（山口県防府市）へ逃れました。これは俗に「七卿落《しちきょうお》ち」と呼ばれます。彼らは三田尻からさらに九州太宰府へ落ち、上洛の命が下るまで入京できませんでした。

「竹田街道下る図」が示すように、まさにこの時期に睦仁王が都（孝明政体天皇）のもとに戻っています。

孝明政体天皇はこの事件で、幕府をひどく恐れて憤慨しています。孝明政体天皇が青蓮院宮《しょうれんいんのみや》、近衛忠熙《ただひろ》、二條斎敬《なりゆき》に与えた文書にこうあります。

「三條（実美）はじめ暴烈の処置、深く痛心の次第、いささかも朕の了簡を採用せず、その上言上もなく、浪士輩と申し合わせ、勝手次第の所置多端（以下略）」（大宅壮一著『実録・天皇

「自分が龍（天皇）を連れていった」と示す
土方久元画の「竹田街道下る図」

記』より）

とはいえ、孝明政体天皇の幕府に対するこの恐怖の中で、睦仁王のみが都に戻れたでしょうか。睦仁王を放っておいて、彼らが自分たちだけで逃げたとは思えません。私は彼らが睦仁王（＝大室寅之祐）を守ったのではないかと考えています。

M資金の原資となった二つのルート

戦国時代後期から江戸時代前期、金《きん》は全世界でも年間十トンほどしか採れていませんでした。その金のうちの四分の三が日本で生産されていたといわれています。

昔は「黄金花咲く　みちのくの……」と歌われ、奥羽の地は黄金郷とみなされていました。その黄金郷を支配していたのは小野寺一党の関係者でした。また銀は、現在は閉山していますが、幕府直轄の石見《いわみ》銀山（島根県大田市）も主な生産地でした。

江戸時代末期の幕臣で、勘定奉行・江戸町奉行・外国奉行まで務めた小栗上野介忠順《おぐりこうずけのすけただまさ》によって、幕府の備蓄銀の一部は会津藩領の軽井沢銀山（福島県河沼郡《かわぬま》）に運ばれました。

さらに、戊辰戦争のときに福島県河沼郡柳津《やないづ》町の軽井沢銀山で貨幣が造られ、これがのちに「会津銀判」と呼ばれるようになります。

鶴見一郎氏（柳津在住）は、次のように証言しています。

「軽井沢銀山で戊辰の頃に貨幣を造ったということは祖父から聞いていたが、実際に現品が存在しているとは知らなかった。言い伝えでは、幕末に銀山に大変高貴な方が一時住まわれ、豪壮な建物が建てられたが、明治二年に取り壊され、その壊した用材の一部で円蔵寺《えんぞうじ》（福島県河沼郡）の庫裏《くり》（僧侶の居住する場所、台所）が建てられたと聞いている」（傍点は引用者）

この貨幣が戊辰戦争における東武官軍の戦費として使われましたが、結果的には先に述べたように莫大な金銀がヨーロッパの悪徳武器商人にだまし取られたのです。

ところで、世界各国で兌換券《だかんけん》と呼ばれるものは、もともとは刷った紙幣と同じ価値の金《きん》をその国が持っていなければならない、という裏づけが必要でした。ですから、金をたくさん持っている国がたくさん紙幣を刷れるわけで、金は国力の源でもありました。

その意味で、**戊辰戦争で日本から流失した金は紙幣に替えられたものもあれば、滞留して世界各国の国力の源となったものもあります。この金が現在、巷間でいわれる「M資金」の原資の一つになっていると考えられます。**

さらに、M資金にはもう一つの原資があります。

それは、世界の「犯罪基金」と呼ばれるものです。たとえば、犯罪者が麻薬売買や売春などによる不当な利益を銀行に預けたとします。しかし、預けたものの、その金の所得原因が明らかになったとき、彼らは銀行にお金を引出しに行けば自分の身元が知れてしまう、逮捕されてしまう恐れがあるので、取りに行けない場合も多いのです。

あるいは預けたまま逮捕されてしまったり、殺されてしまうケースもあるでしょう。

犯罪者が銀行に預けたお金は、十年間移動がないと国際機関が没収してしまい、「あるところ」へ納めてしまいます。そうやって没収されたお金は莫大な金額になります。

この二種類のお金がM資金となるわけですが、実際には別に怪しげな目的で使われるお金ではありません。本来は「災害復興や救済」に充てられるものです。なぜなら、災害復興は利益を生み出さないので、市場の投資では資金がまかなえないからです。

どこからか供出《きょうしゅつ》しなければならないので、そこで使われるのがM資金なのです。

ただし、気をつけなければならないのは、よく報道される「M資金詐欺」です。M資金自体は怪しげなものではないのですが、その周辺にはさまざまな人物がいます。M資金の本質を知り、うかつな話には乗らない方が賢明でしょう。

熊沢天皇の主張は近江浅井氏の伝説が混入して作り上げられた

南朝の皇統問題を世間に訴え、「熊沢天皇」を自称して世間に騒がれた熊沢寛道《ひろみち》氏についても記しておきましょう。

昭和二十年（一九四五）、日本が連合国の占領下に入った後、寛道氏はＧＨＱのマッカーサー総司令官宛てに、

「自分が正統な南朝天皇の末裔である。北朝方の現天皇はニセモノである」

という内容の請願書を送っています。その嘆願書が『ライフ』誌記者の目に留まったことから報道され、日本のマスコミも取り上げて一躍有名人となりました。

私は寛道氏とお会いしたことがあります。彼の主張の信憑性はともかくとして、南朝復権のため、私の父が彼を通して復権の機会をうかがった時期もありました。しかし、その後、彼に声高に「天皇」を自称することをやめるように注意したのも父です。

寛道氏の主張によれば、系図上では「私の養父は南朝天皇である後亀山天皇の男系子孫である」ということでした。南朝の後亀山天皇の子孫である園右衛門《そのえもん》（尊春王《たかはるおう》）の弟、善三郎の末裔として生まれたのが、熊沢大然《ひろしか》（尊憲王）であり、熊沢寛道氏はその大然の養子になっているのです。熊沢寛道氏について語るには、熊沢家の正確な系図をたどることが必要です。

熊沢氏の先祖の一族には、高名な熊沢蕃山《ばんざん》がいます。

蕃山は江戸前期の経世論家《けいせいろんか》（世を治める教えを論じた人物）として、岡山藩主・池田光政に重用《ちょうよう》され、藩政を主導しました。治水・救民などで治績をあげ、明暦三年（一六五七）、三十九歳で隠退します。

しかし、自身の経世策の集約と言える著作『大学或問《わくもん》』で幕政を批判したとされ、古河藩

（茨城県）に幽閉されます。そして元禄《げんろく》四年（一六九一）八月十七日、七十三歳のときに同地で死去しています。

熊沢蕃山は後醍醐天皇に対して「建武中興崩壊の責任者である」として、最も厳しく批判を行いました。そのため、蕃山の著書『孝経外伝或問《こうきょうがいでんわくもん》』は、旧全集では大幅削除の処置が行われていたほどです。蕃山は朱子学者ですから、後醍醐天皇の仏教思想を原点とした感性とは相容れなかったのでしょう。

蕃山は、近江国（滋賀県）出身で江戸時代初期の陽明学者であった中江《なかえ》藤樹《とうじゅ》の門人でした。さらに、蕃山の三女が旧志賀町栗原（現在の滋賀県大津市）に嫁いでいることから、大正十五年（一九二六）にこの地に蕃山堂が築かれました。

秋山弘道《ひろみち》氏の書いた熊沢伯継伝《はっけいでん》といわれる『慕《ぼ》賢録《けんろく》』に、

「先生幼為二外祖熊沢半右衛門守久義子一謂二其姓一。守久初称喜三郎。其先系二千後奈良帝皇弟菊亭一。菊亭有レ罪配二千紀州熊野一後量移二レ千奥州沢邑一、子孫因以熊沢為レ氏」

とあります。

「熊沢蕃山は幼いときに外祖の熊沢半右衛門守久が義子なす。其姓に言う、守久はじめ喜三郎と称し其先は後奈良帝の皇弟の菊亭系で菊亭罪あり、紀州熊野に配流されのち奥州沢邑に移さる。子孫ちなんで熊沢氏となす」と述べています。

後奈良帝は後《ご》崇《す》光院《こういん》貞成《さだふさ》王の息である後花園院彦仁王の子・後土御門院の孫であり、父は後柏原院《ごかしわばら》と称されています。つまり、この史料の通りであれば、後崇光院貞成王も後柏原院も北朝閏統ですから、熊沢天皇の先祖は南朝皇統であるどころか、歴然とした北朝閏統ということになってしまいます。

さらに、寛道氏の説では後崇光院貞成王以降の北朝は「足利義満の子孫」ということになっていますが、残念ながら後奈良院に第八男子の存在は認められておりません。

また、熊沢蕃山はもともと母方の祖父・熊沢守久《もりひさ》の養子となり、熊沢姓を名乗ったわけですが、こちらの家系をたどっていくと疑問が出てきます。貞享《じょうきょう》二年（一六八五）の冬に書かれた熊沢家の『勤書《つとめがき》』（役職者の個人の業績をまとめた文書）には、

「熊沢先祖之家ハ不分明候。公家ヨリ出申候由」（熊沢家の先祖ははっきりしないが、公家より出たようだ）

とあります。

熊沢守久の母は、浅井備前守の姪であったことは記録で確認できます。熊沢守久の母方の先祖、近江浅井氏は藤原北家閑院家《ふじわらほっけかんいんけ》の正親町三条公綱《おおぎまちさんじょうきんつな》（公治《きんはる》）の子孫と伝えられています。

正親町三条公綱は、同じ藤原閑院家である公家の菊亭今出川家《きくていいまでがわけ》とともに、応仁の乱に西陣として南主を奉戴したので、武府方より一時、近江国浅井郡に流罪とされています。

結論を言えば、南主奉戴の中心であった母方の近江浅井氏の家系の伝説が混入して、次第に流浪の天皇後胤《こういん》説を作り上げたものと考えられます。南主の「家臣の後裔」とは言えるかもし

れませんが、その家伝の後奈良院はあくまでも政体北朝であり、正統天皇の嫡流ではありません。

熊沢寛道氏は最初から天皇としての資格である璽《しるし》、すなわち三種の神器に関して、「三種の神器は観福寺《かんぷくじ》で盗難に遭い、いま手もとにないが、確か東大の地下室にあるはず」と語っていました。

これに関しても、寛道氏の話すところに従えば、観福寺に隠されたのは文明十年（一四七八）から長享《ちょうきょう》の頃（一四八七～八九）という話であり、熊沢氏の祖先は神器がないままに尾張（名古屋）に移ったことになります。

つまり、それ以降の熊沢氏は代々「天皇の璽である神器を所持していなかった」ことになり、客観的に見ても、天皇と言うには無理があります。

結局、連合軍マッカーサー司令官に対する熊沢寛道氏の南朝回復運動は、その目的と反対の結果を生じさせてしまいました。正統天皇問題は無視され、昭和政体天皇の存続を改めて連合国側に認めさせせることになってしまったのです。

著者はいかに社会と関わってきたか

インターネットでは私の経歴に対して疑義が示されたりもしているようですから、ここで私

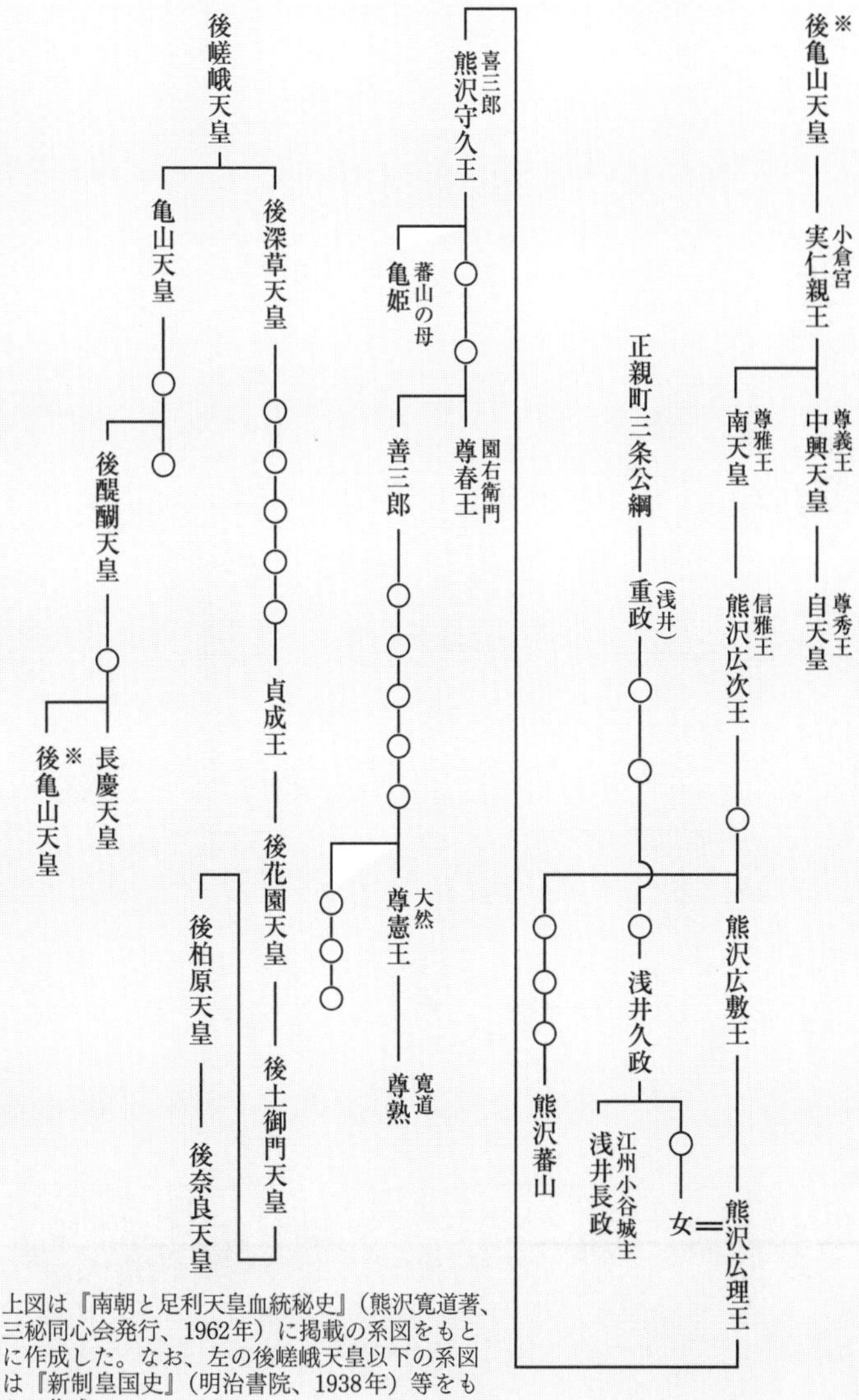

上図は『南朝と足利天皇血統秘史』（熊沢寛道著、三秘同心会発行、1962年）に掲載の系図をもとに作成した。なお、左の後嵯峨天皇以下の系図は『新制皇国史』（明治書院、1938年）等をもとに作成

の経歴をご紹介しておきます。

一九四五年一月十五日、一八六八年六月十五日に即位した通称・東武皇帝（後醍醐天皇の正裔）の曽孫として宮城県仙台市に生まれました。

私の父母や家庭に関することは、本章前半の小野寺家の歴史や伊達家との関係の中で述べた通りです。

子供のときから個人教育を受け、小学校卒業のときにはすでに義務教育を上回る教育を受けていました。そして実学という形で早くから社会参加をしてきました。

私の教育環境は、なかなか普通ではありえないことで、信じがたいと思われる読者も多いかもしれませんが、社会の場でさまざまな方々から学んできました。

その後、一九六五年三月に北九州短期大学法学部を卒業し、同年四月に國學院大學第三十一回学術講座課程を修了しました。

一九六三年六月、株式会社実業の世界社より創価学会対策出版物発行のため、編集スタッフとして招請されましたが、編集方針の相違により五カ月で辞退しました。

当時の実業の世界社は浄土真宗系の会社でした。そこで、創価学会と教義面で論戦になるような本を出版しており、出版に当たって私が招かれました。十八歳の少年を大手の出版社がなぜ招いたのか、と疑問を感じる方もいるかもしれませんから、解説しておきましょう。

招請の理由となったきっかけは、私が中学生のときの出来事です。立正大学文学部の教授だった作家・評論家の久保田正文氏が読売講堂で日蓮に関する講演をしたとき、私が訪ねていき、日蓮義について論戦を挑んだのです。

私は本門正宗の教義について幼い頃より教育を受けてきましたから、久保田氏はこちらの論拠に対してどう答えられるのだろうか、と興味があったのです。ですが、久保田氏の主張は「富士日興門流は泥棒だ」という感情論ばかりで、話にもなりませんでした。そのように私が本格的な教義論争ができると知った実業の世界社から招かれたわけです。

一九六四年四月、東横重工業株式会社社長・小野寺象治秘書になりました。これは、象治氏が私の伯父だったからです。一九六五年に退職しました。

一九六六年三月、財団法人芸能文化研究所代表理事・有賀武夫元海軍少将の招聘により、同法人理事に就任しました。理事に高柳健次郎氏、土岐善麿氏、山田耕作氏、堀内敬三氏、吉村繁俊氏らが在職されていました。同時に、小野寺育徳会を主宰し、秘蔵宝物展を開催し、テレビ・新聞で報道されました。

小野寺育徳会は、私が先祖より受け継いだ秘蔵宝物《ほうもつ》を一般公開するためにつくった団体でしたが、藤原姓小野寺氏初代大法師義寛の八百五十周年記念のメダルをつくるという話が持ち上がり、その後の経過で制作が私の意図とまったく違う方向に動いてしまったのでのちに解散しています。

一九六七年四月、中野三郎氏とともに、タイ国政府よりソンクラ県サバヨイ村二千四百平方キロメートルの森林を取得し、三幸国際有限公司を設立、常務取締役に就任しました。

戦争中にタイのバンコクに日本政府が南方資源調査官という機関を置いていました。南方資源を調査して、日本に持ってくるのが目的でした。

私はその南方資源調査官として在籍していた中野三郎氏と旧知の間柄であり、中野氏はタイ国のプラパート元帥と手を組んで、いくつかの案件を進めていました。そのときに三幸国際有限公司を設立、同国ソンクラ県サバヨイ村の二千四百平方キロメートルの森林の木材の払い下げを受け、それによりタイ国経済の発展に寄与しましたが、のちにプラパート元帥の失脚で活動を停止しました。

一九六七年六月、橋本政刀氏（中野正剛氏塾頭）の懇請により、日本滞在中の孫文先生の援助者であった頭山満氏の義弟・向井定利氏事務所の役員となります。

一九六八年五月、戦後の日本経済復興の計画者・亀井貫一郎氏（住友商事顧問）の招聘で亀井事務所役員に就任。経営倫理環境問題を担当しました。

何人《なんぴと》かが作成した私を紹介するホームページのプロフィールで、「財団法人産業経済研究所の役員に就任」と間違って記載されています。正しくは、亀井貫一郎氏の招聘で「財団法人産業経済研究協会に勤務」としなければなりません。

ちなみに、亀井事務所は住友商事本社に帰属しており、事務所も本社ビルの中にありました。亀井事務所において、私は役員と記していますが、立場的に私と亀井氏は対等の関係でした。

ですから、名前を自由に出していいというご本人の了解も得ています。

のちに、亀井事務所において米国ウェスティングハウス社より導入した原子炉技術を基礎に開発された純国産高速増殖炉に、人間の智慧で制御するという意味から「もんじゅ」（智慧の象徴である文殊菩薩から採りました）の名称を提案、採用されました。溶融塩研究は財団法人が担当し、亀井久興氏らが役員をしていました。

亀井事務所が原子力発電に大きく関わっているのは、当時の米国が同分野では亀井氏しか信頼せず、ほかの人を相手にしていなかったという背景があります。そうした状況の中で、私が純国産高速増殖炉に「もんじゅ」の名称を提案して、採用されたわけです。

一九六九年、韓国の文部大臣（文化観光部長官）・白氏よりベトナム和平後の韓国運営の相談を受け、住友電工がサウジアラビア政府から受注したケーブル敷設工事に、ベトナムから帰国した韓国兵を使用することを住友電工に提案し、採用されました。

一九七〇年四月、宗教法人太平教団（旧・大日本璽《じ》府《ふ》法皇庁）代表理事代務者に就任しました。

一九七二年四月、学校法人北九州学院理事、同短期大教授に就任しました。これは当初、同学院のために理事、同短期大教授に就任、住友商事の協力を得て学校運営を再建するという計画でした。ところが、その裏で職員の給料未払い問題が訴訟事件となっているのを、私は聞かされていませんでした。

住友商事の担当者から「これ、ご存じですか？」と新聞記事を見せられてびっくりしたことを覚えています。そのような事情もあり、一九七七年十二月に退任しました。

この件に関する資料は関係者の判とともに保存してあります。なお、一九七七年九月には財団法人芸能文化研究所理事兼代表理事代務者を辞任しました。

一九七五年十一月、ソビエト政府通商代表部より日ソ友好親善の工作依頼を受けました。

これは田中角栄元総理が日中友好を実現したことから、日本とソビエトの関係が悪化したことがありました。そこで、日ソの親善をはかるために協力してほしいという依頼を受けたものです。

一九七八年四月、社会福祉法人厚生福祉事業団理事長・川村秀文氏（川村学園理事長）の招聘により、同法人の理事に就任し、理事長代行として老人福祉に関わりました。一九八二年辞任。

一九九一年九月、太平教団代表理事に就任。

二〇〇六年七月、中国四川大学の招聘により、客員教授に就任しました。

二〇〇六年八月、四川大学創立百十周年を慶祝し、大谷探検隊招来の南北朝晩期石窟《せっくつ》壁画を同大学に寄贈。この件は『中国文物報』同年十月十八日付の記事になりました。

二〇〇七年十一月、中国四川大学名誉教授に就任。

二〇〇八年七月、中華人民共和国・胡錦濤国家主席より、国家主席自らが揮毫《きごう》された「勇挙高峰」の書を贈られました。

二〇〇九年五月、李小北氏とともに中華人民共和国高等学校教材『国際経済合作』（北京・経済管理出版社版）を著しました（李氏と共著者となりました）。

二〇〇九年九月、中国国務院機関部より「天皇南朝御璽」を贈られました。

二〇一〇年四月、特定非営利活動法人国際人材開発促進会名誉会長に就任しました。

二〇一〇年六月、中国四川省人民政府より「抗震救済記念章」を授章されました。

二〇一四年九月、一般財団法人大日本国国体府を設立し、代表理事に就任しました。

二〇一四年十月、モンゴル国大統領よりモンゴル駐日大使を通して記念品を贈与されました。

なお、著書に『日目上人正伝』『小野小町二人考』『小野寺氏一二〇〇年史』『日蓮大聖人の御遺命』『一閻浮提《いちえんぶだい》の大本尊立つ』『正統天皇と日蓮』『世紀の敗訴』『大日本皇統とは』他、経済論文、文化評論も多数あります。

ネットにおける著者への誹謗・批判への反論

私に関心を持ってくださった読者の皆さんに、こんな話をするのも心苦しいのですが、インターネットでの私への誹謗・中傷がひどいということなので、この場を借りてきちんと反論しておこうと思います。

私への中傷や批判について、これまでは直接知ることがなかったので問題にはしてきませんでした。たまに人づてに聞きましたが、私からすれば、何をそんなに騒いでいるのか不思議であり、相手にするまでもないと考えていたからです。言った覚えもないことを「言った」と断言されたり、特定宗教団体の信徒から不確かな情報を根拠に論戦を挑まれたりするという状況だったのです。

私は「おかしいと思うなら、実際にお会いして話しましょう」という主義です。きちんと根拠を提示してもらえれば、こちらも反論できます。

本書でも書きましたが、私が所蔵する宝物や神器は専門家の鑑定を受けています。記録に関しては、国会図書館に残る古文書によって、また天皇問題に関しては東京地方裁判所民事部の判定理由書によって、私の主張の正当性は認められます。怪しいと思われるなら、その方が正しいと思われる資料をお持ちになって、その正当性を主張してみてはいかがでしょうか。

現実には反論できないからこそ、場当たり的に攻撃をするしかないのだと思います。

報酬をもらって私を攻撃する人物もいます。元側近と称する人物も、私のところの元信者ではなく、私への攻撃をもとに自らの新興宗教に導く狙いを持っています。

元信者を名乗って攻撃する人について調べると、聞き覚えのない人だったり、事実を捏造していたりします。私を取り上げるとサイトのアクセス数が増えるので、それを目的にしている人も多いようです。

しかし、人の悪口を自著で書き連ねるのは本懐ではないので、このくらいでやめておきます。

そこで、本書の出版を契機として、このたび専門家に依頼してホームページなどのサイトを作り、第三者の私に関するサイトをできるだけ監視し、問題の解決方法を考えようと思っております。また、今後、私の資料館をつくり、来館した人たちに見ていただき、私の主張を証拠と併せて世に問おうと考えています。

ここで出版社から質問を受けた問題に対し、簡単に解説しておきます。詳しい論拠に関しては専門的になってしまうため、また別の機会に示そうと思います。

①拙著の推薦人に関して

拙著『正統天皇と日蓮』に関して、「帯にある逸見英夫氏推薦は嘘だ」と指摘する人がいるということですが、そのようなことは一切ありません。

仙台郷土史研究会副会長であった歴史作家・逸見英夫氏はすでに他界されているとの情報が入っているので、もしご本人に確認できなければ、当時、逸見氏が私に送ってきた手紙や問い合わせの内容文書等、いつでも見せられます。また、推薦していただいたもう一人の方が後日、犯罪に関わったとする指摘ですが、当時、同書を読まれて、慶応大学医学部の医師として推薦してくださったのですが、本が出たあとのことなので、私にはなんともしようがありません。

②著者（日了）の正統大石寺と日蓮正宗総本山大石寺との関係

私が正統大石寺を主張する根拠については、日蓮正宗総本山・大石寺に現存する史料の中にそれを証明する文書が残っています。ここには日蓮正宗に関するあらゆる歴史が記録されており、その記述を調べれば、何をもって正統とするのかが明らかになります。

私が個人的に親交のあった日蓮正宗第六十六世・細井日達氏はそのような背景をご理解くださり、かつては「正しい大石寺の歴史を本に書いてほしい」と、私に依頼されたこともありました。

ただ、そのような、互いの立場を尊重し合った関係も、時代の移り変わりとともに薄れていきます。その中でたくさんの誤解が生まれてしまいました。私が「細井日達氏の顧問であるという嘘をついている」という指摘もあるようですが、当時の日蓮正宗との関係において、私は「法主直属」という立場でした。それを周りの人が「法主直属とはなんですか？」と聞くので、「一般社会で言えば顧問のようなもの」と答えていたにすぎません。もちろん、金銭的な契約関係は存在していません。

③裏銘文の花押《かおう》（サイン）盗用は事実無根、「日目の子孫ではない」の指摘は正しい

ここでいわれる裏銘文とは、「本門正宗の本因妙大本尊の裏銘文」とのことですが、これは日蓮大聖人より弘安五年（一二八二）十月十一日、「耳引き法門」の名のもと、本因妙大本尊の

唯受一人《ゆいじゅいちにん》信託を受けたのが蓮蔵坊・日目《にちもく》聖人（俗姓・小野寺五郎）でした。

この裏銘文を本門正宗で所蔵しているわけですが、これを「日蓮正宗大石寺所蔵の竜門御書と呼ばれる花押をコピーして板に彫ったものだ」と主張する人がいるということですが、本尊は信仰の対象であって智性・理性・感性から生じるところであり、そのような愚かな主張をする人を相手に論じる気にはなれません。

著者の六代前の圓藏院（富柳蝶眞と号す）様が末法五濁悪世から人々を救済するために文政八年、谷中領玄寺の顗善院《ぎぜんいん》・日貞聖人を説得し、その境内地の一部を借用し「本因妙大本尊」の石塔を建てています。その石塔の側面の一方には、

「文政八乙酉年正月　日

　宝塔主

　　東山戸衛八富柳」

と刻されています。文政八年とは西暦では一八二五年で、今（平成二十七年）から百九十年前です。

「宝塔」とは「本因妙大本尊」を刻した石を示し、「主」とは所有者の意味です。「東山」とは西の京都を守護する比叡山に対して上野を東叡山と称したことを指し、「戸」とはすなわち「江戸の町」の意です。「衛八」とは江戸の人々を末永く守る本因妙大本尊、すなわち本門の題目の仏力・法力をもって「富柳」が江戸市民を守護するという意になります。

反対側には、
「此大本尊者
高祖大菩薩於身延山御年五十三之御真筆也辛卯
之年五百五十遠忌為御報恩謝徳文政八年乙酉正月
当山廿一世顗善院日貞聖人代奉勤請富柳謹之」
と刻されています。その意味は、この本因妙大本尊は日蓮大聖人五十三歳の文永十一年（一二七四）の御筆、辛卯とは天保二年（一八三一）で大聖人の五百五十年遠忌に当たり、日蓮大聖人が「如来滅後五五百歳始観心本尊抄」に示された本因妙大本尊を世に「始《はじむる》」時と圓藏院様は五百五十年、すなわち日蓮上人五百五十年遠忌のときを踏まえて、本因妙大本尊の宝塔を文政八年（一八二五）に建立しましたが、圓藏院様は宝塔を建立して二十五年目、ちょうど大聖人の五百五十年遠忌の年、すなわち天保二年七月朔日《ついたち》、
西東　北なき浮世　みかぎりて　南へ起《おき》て　元へかえさん
を辞世として崩御されました。すなわち本因妙大本尊様は著者の六代前まで日目上人より代々確実に伝承されてきたことは、ここに「宝塔主富柳」と著者の五代前の人の名前があることをもってしても証明されています。なお、後醍醐天皇から賜ったといわれる灌頂幡《かんちょうばん》が納められている金唐革櫃《きんからかわびつ》に示されている「鎧蝶《よろいちょう》」の紋がこの宝塔の正面に刻まれています。
さらに、私が「日目の子孫と名乗っている」とする指摘がありますが、そのように名乗った

事実はありません。これは完全な誤解であり、私は「小野寺家は日目の産土館である」と言っているのです。

つまり、血統として日目の生まれた館の本家という意味であり、日目の子孫とは違います。その違いがわからない人とは話が噛み合わないのも当然でしょう。

④日蓮大聖人御影《みえい》は小野寺義寛《よしひろ》の像のすり替えではない

本門正宗には三箇《さんが》の重宝が伝えられています。日蓮大聖人御影、御下文《おんくだしぶみ》、園城寺中状《おんじょうじもうしじょう》の三つです。このうち、日蓮大聖人御影を「小野寺義寛の像とすり替えている」とする指摘があります。誤解のきっかけとなったのは、昭和四十九年（一九七四）四月二十日、日本の顔社発行の月刊写真画報『グラフ日本の顔』という雑誌に、私が所持する日蓮大聖人御影の写真と記事が掲載されたことです。

このときの経過もよく覚えています。同年、取材を受けて記事が掲載される前に、私が校正することになっていましたが、そのタイミングで、当時大騒動となった「国鉄の大ストライキ」が起きました。この年は衆議院選挙があり、立候補者・佐藤信二氏の顔写真が表紙になっていたため、選挙との関係で校正する時間がなくなり、雑誌は発行されてしまいました。

あとで掲載された誌面を見ると、日蓮大聖人御影の写真の上部に「小野寺義寛公生誕八百五十年」という文字が印刷されています。これは写真の説明ではないのですが、そのように受け取られる可能性もなくはありません。しかし、その論をあえて作った人物には作為目的があり、その目的のために、どうも無理やりに理屈をこじつけているようです。とにかく、同誌に掲載されている写真はあくまで日蓮大聖人御影です。

小野寺義寛の像に関しても解説しておきましょう。そもそも小野寺義寛の像はこれとはまったく違うもので、縦二十センチほどの木彫りの像です。日蓮大聖人御影は日興上人が日蓮大聖人の遺骨と粘土を混ぜ合わせて造ったものであり、日興上人のご遺命により、大石寺東大坊(現在の静岡県富士市中里)より本門寺本堂に奉安されて今日に至っています。

以上、一般読者には難しい話だったかもしれませんが、編集者が持参されたインターネットに掲載されている誹謗・中傷への反論を掲載させていただきました。

イスラエル駐日大使が認めた「十戒石」

平成二十三年(二〇一一)二月十五日、綜合警備保障株式会社(アルソック)の前代表取締役専務・福田忠節《ただまさ》氏の紹介で、前イスラエル駐日大使のエリ・エリアフ・コーヘン氏が私の住まいに訪ねてきました。

著名な学識者と聞いていたので、日本の学者が解読不可能と言っていた太古の国璽と伝えられる石板をテーブルの上に何げなく置いておきました。あとで知ったことですが、コーヘン氏はモーゼの直系子孫と全世界の関係者から認められているそうです。それは科学的な血液検査でも確かめられた事実であるとか。

今にして思えば、福田氏はモーゼの直系子孫と言われるコーヘン氏に、石板の真贋を確かめさせたかったのかもしれません。

コーヘン氏は応接室に入室し、挨拶が終わるとすぐに石板を見て、突然言い出しました。

「この文字はスメル文字ですね。これは聖書に載せられているあの十戒石ですね。なぜここに

著者所蔵の「エホバの石板」（上）と前イスラエル駐日大使のエリ・エリアフ・コーヘン氏来訪時の写真。前列右がコーヘン氏、中央が著者

あるのですか」

その問いに対して、私が、

「先祖が太古に治めた国家の国璽として代々伝えられているのです」

と話すと、コーヘン氏は「ぜひ研究したい」と念入りに石板を撮影し、帰られました。

『旧約聖書』（日本聖書協会）の「出エジプト記」に、

「茲《ここ》にエホバ・モーゼに言たまひけるは山に上りて我に來《きた》り其處《そこ》にをれ我が彼等を教へんため に書しるせる法律と誡命を載るところの石の板を汝に與《あた》えん」

と示されています。コーヘン氏は私が祖先より受けた品が、「まさに十戒石そのものである 可能性が高い」と話されたのです。

私の住まいを出た後、コーヘン氏は車中で腕を組み、横浜の戸塚から千代田区麹町までの間、 瞑想し、一言をも発することがなかったそうです。

中国が正統（国体）天皇に注目する理由

中国周王朝以前の時代はカニバリズム（人肉食）が当たり前の世界でした。しかし、周の初代は后稷《こうしょく》と称され、その由緒は農事を司った人の意で、ゆえに彼らはカニバリズムを行わず、農耕と畜産の生活をして暮らしていました。

そのため、食べ物に困ったらほかの部族を襲う、ということをしていた秦の勢力に敗れ、次第に衰退していきます。周の稷《しょく》の思想を後代にまとめたのが孔子です。

秦は周の書を燃やし、儒者を生き埋めにする「焚書坑儒《ふんしょこうじゅ》」を行い、周の思想弾圧を行いました。そこには周の思想・文化を抹殺するという目的が含まれていました。

さらに、秦の始皇帝が天下を統一した後、文字の統一をはかるために新しい書体をつくりました。それが、本書でも広東省博物館の林教授が指摘している「小篆《しょうてん》」です。これは、複雑な書体の大篆《だいてん》を簡略化したものです。

日本は周の文化を受け継いでいます。それは文字の読み方に如実に表れています。

文字は中国から来ているのに、我が国の読み方と漢音の読み方は違っており、意味も異なります。なぜなら、現在中国で使われているのは漢音読みであり、その土台は「秦文字」です。それに対して日本は周音読みが基本だからです。

ですから、日本語文の「手紙」は中国では「トイレットペーパー」の意味になってしまうというように、まったく使い方が違ってくるのです。

とはいえ、過去にはその感性の違いが幸いして、戦争を回避できた例もあります。

たとえば、「都督《ととく》」という言葉があります。日本では「天皇の直属の使い」という意味で使われますが、中国では「地方官」です。

日本の「天皇の直属の使い」として、天皇の言葉を伝えに行ったのに、それが「地方官」の言葉として解釈されては、まるっきり言葉の重みも違ってきます。ですから、とらえ方次第では戦争にならざるを得ないようなニュアンスのやりとりも、深刻に受け止められなかった、ということで救われたことがあったのです。

このような問題があるので、中国の漢文を日本語に翻訳するのなら、一度英語に翻訳してから日本語に翻訳しないと意味が正しく伝わらないのです。

後述しますが、なぜ中国が日本における正統（国体）天皇の重要性に注目するのかといえば、「周王朝の血統を継承しているから」という意味もあるのです。

伝説の名器「つくも茄子」は三つ存在している

我が国に「つくも茄子《なす》（九十九髪茄子）」という茶入れがあります。

明治時代に三菱財閥の岩崎弥之助《やのすけ》が、兄から借金をして買ったというくらい、高価な茶入れとして知られています。

つくも茄子はもともと、鎌倉時代初期の禅僧で日本における曹洞宗の開祖である道元が、後堀河天皇に献上したものです。

日本では作物《つくも》というと本来、「皇帝が使用するものを作る作業所」という意味があり、そこで作られた作品のことも指します。ですから、道元が皇帝の使うものを作る作業所で作られた品を手に入れて、後堀河天皇に献上したものにぴったりの名前がつけられていると言えます。岩崎弥之助のつくも茄子に関しても私見があるのですが、まずは一般的な通説から紹介しましょう。

現在、岩崎が購入したつくも茄子を所蔵するといわれる静嘉堂《せいかどう》文庫美術館（東京都世田谷区）のホームページには次のように解説されています。

「唐物茄子茶入　つくも茄子　南宋~元時代（12~13世紀）
茶匠・村田珠光《じゅこう》が九十九貫で入手し、『伊勢物語』所収の和歌『百とせに一とせ足らぬ九十九髪我を恋ふらし面影に見ゆ』から命名したという。大坂夏の陣で罹災したが、大坂城址から徳川家康の命をうけた藤重藤元・藤巖父子により探し出され、漆《うるし》で繕われた。精緻な漆繕いの褒美として、家康から藤元に下賜《かし》された。X線調査で、釉《うわぐすり》と見られる景色など、表面を覆う部分は、ほぼすべて漆による修復と判明している」（ルビは引用者が付した）

私は「つくも茄子は三つ存在する」と考えています。

一つは静嘉堂文庫美術館にあるつくも茄子です。これは黒っぽい色調であり、あとの二つは私が所蔵しています。

織田信長の一代記を記した『信長公記《しんちょうこうき》』を整理改編した『信長記《しんちょうき》』に、作物茄子に関する記述である「作物記之事」が残されています。それにはこうあります。

「(前略)軒后《けんこう》(軒轅《けんえん》黄帝)の徳色を具。(中略)相伝て曰く往昔《むかし》中華(京師)蓬莱の假山造。(盆山)山頂小さな宝壺を安置。如意宝珠と号す。遠く我扶桑国に贈らる。年代詳《つまびらか》ならざるを以て遺憾を為すなり。載て黄考の口碑に在て云う。如意珠梵に在て摩尼と曰く。其の瑞祥の美徳勝計《あげてかぞふ》べからずなり。日本第一天下無双の尤物(中略)是小茄と名づく(中略)古歌の意に本に以て作物と名づく。名易異論無乎《かわれども》(以下略)」

つまり、織田信長が手にした如意宝珠形の茶入れは、その形から「小茄」と呼び古歌の意をもって作物と称された。大名物の「作物小茄《つくもさなす》」は本来、如意宝珠の形で軒后の徳色、すなわち天晴といわれる青磁釉《せいじゆう》の器であったことがうかがい知れるのです。

皇帝というのはもともと、黄道(太陽の道)という概念が原点の言葉です。太陽を形容するなら、本来は晴れた色のような「青」であるべきでしょう。私の所持しているつくも茄子も青色をしています。

残りの一つですが、静嘉堂文庫美術館の解説にもあるように、付藻は『伊勢物語』所収の和歌「百とせに一とせ足らぬ九十九髪我を恋ふらし面影に見ゆ」から命名されています。

「百とせ」は文字通り「百」ですが、その百から一を引くと、「白」になります。九十九歳の翁といえば、髪も真っ白のはずです。となると、白い色の茶入れではないかと思うのです。その白いつくも茄子を私は所持しています。

伝説といえば、「金輪寺《きんりんじ》」という薄茶器があります。

これは、後醍醐天皇が吉野・金峯山寺《きんぷせんじ》で僧衆に茶を振る舞うため、山中の蔦《つた》の古株で茶器・金輪寺を作ったというものですが、そもそも、蔦は湿り気の多い植物です。そのようなもので作った薄茶器にお茶（抹茶）を入れても、とても保存できるとは思えません。

もし、後醍醐天皇が蔦を使ったのが真実だとしたら、あくまでも茶器を保護するために作ったのではないかと考えられます。

この後醍醐天皇が作らせたといわれる金輪寺茶入れも、私が所持していますが、茶器は木地でできており、そこには蔦の絵がデザインされています。蓋を開けると、内側に金が貼られて

著者所蔵の二点の「つくも茄子」。如意宝珠形で青色のもの（上）、白色のもの（中）。また、金輪寺茶入れは木地で出来ており、蔦の絵が施されている（下）

います。

これを見ずに伝え聞いた人が、「山中の蔦の古株で茶入れを作った。その茶入れを天皇御作ゆえに金輪寺と呼ぶ」と誤解して広めたのではないでしょうか。

正統な継承資格がない天皇は外国から相手にされない

キリスト教社会の文化は「神との契約」が基本です。それゆえにその契約は偽りを前提としては成立しません。

諸外国は戊辰戦争の経緯、そして明治政府の成り立ち、さらに第二次桂内閣の閣議で日本国の天皇は「大覚寺統（南朝）が正統である」と議決されて、全世界に発表されたこともちろん知っています。ということは、現在の皇室が「日本の正統ではない」と一部でされていることも知っていると思われます。

それだけでなく、日本の真実について国家レベルで詳しい調査がなされています。その結果はさまざまな新聞にも掲載されました。

日本外務省の外郭団体が中華人民共和国で私のことを調べた結果をメールで知らせてくれたので、ご紹介しましょう。

送信日時　２００９年7月29日17：30

本文／北京に戻りました。

小野寺直氏について、調べた結果は下記の通りです。王維明

２００６年8月、日本の著名な社会活動家で「小野寺育徳会」主席の小野寺直先生は四川大学の創立１１０周年を祝い、中日友好を促進してくださった。小野寺先生は四川大学に中国の古代壁画を寄贈してくださった。その壁画は20世紀初頭に著名な貴族探検家の大谷光瑞の大谷探検隊が中国を探検中に収集したものである。小野寺直氏は日本の第96代天皇で南朝の後醍醐天皇の正統な子孫で東武天皇の玄孫である。宮城県仙台市に生まれ、現在……（大意。原文中国語）

また、平成十九年（二〇〇七）七月二十七日付の中国共産党の機関紙『人民日報』の海外版『日中新聞』は、日本の天皇というテーマの記事で『星条旗新聞（スターズ・アンド・ストライプス）』という米軍の機関紙の昭和二十一年（一九四六）一月十八日付の記事を漢文に翻訳して紹介しています。内容は昭和政体天皇の正統性を否定するものですが、センセーショナルな内容が含まれるので、ここでは紹介するのを控えます。

この記事を入手した経緯をご説明しておきましょう。

中国国務院機関部に在籍し、東京大学東洋文化研究所客員教授である李小北氏から私はある

質問を受けたのですが、内容が皇統の問題であったため、近代に関しては一切回答をしませんでした。その代わりといってはなんですが、私の著書に推薦の言葉を依頼しました。その結果、中国側では「天皇南朝御璽」の印璽《いんじ》を造って私に寄贈するために、日本の南北朝問題を調べ、その目的に最も合った史料として前述の『星条旗新聞』を取り上げたからということで、『日中新聞』を持参してくださったのです。

平成二十年（二〇〇八）七月二十二日には、中華人民共和国第六代国家主席の胡錦濤氏より、氏が自書した墨跡《ぼくせき》鮮やかな「勇攀高峰」と綴られた書を贈っていただきました。「勇攀高峰」とは「ともに高い峰を登ろう」という意味です。

翌年の平成二十一年（二〇〇九）二月には、中国から「天皇南朝御璽」の印璽を謹呈されています（どちらも次ページに写真掲載）。

『世紀の敗訴』出版に際しては、李小北氏から以下の辞をいただきました。

「友人の小野寺様から『私の書いた『世紀の敗訴』という本に序文を』との依頼を私は喜んで引き受けた。

私の小野寺様に対する印象は、やさしく知識いっぱいの学者で、四川大学の一一〇周年の創立記念のお祝いのため、二〇〇六年八月二十四日に、成都《せいと》で中日経済論壇の会を開き、そこで小野寺直様はすばらしい講演をし、四川大学の客員教授の称号を得、現在名誉教授の称号を贈られている。

　もっとも感動したのは、小野寺様が保存していた貴重な収蔵品である『中国南北朝時代の新疆千仏洞窟壁画』を、四川大学に気前よく寄贈して下さったことで、その高い学術的な価値を持っている収蔵品は、四川大学博物館の一番重要な宝物になったことである。

　小野寺様が博学多才な学者であると言いたいのは、多年の付き合いを通じての結論である。また、彼の人生は豊富な経験を積み重ね、強いドラマチックな色合いを感じさせられる。『世紀の敗訴』の原稿を拝読した後、私の複雑な気持をどのように表したら良いのか、判らな

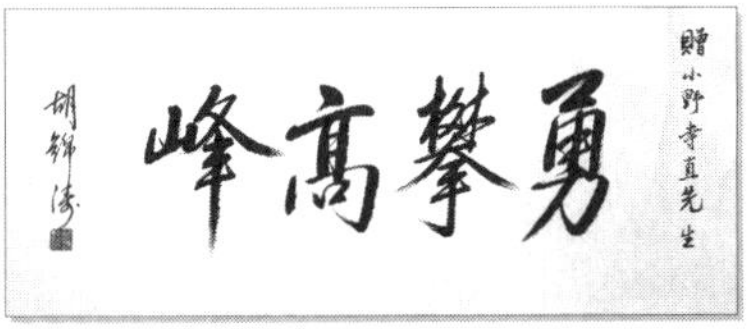

中国・胡錦濤国家主席より著者に贈られた書と中国政府から謹呈された印璽（著者蔵）

い位になった。

中国政府派遣の客員研究員としては、自分の見方や考えなどを勝手に表明することは出来ないが、現在の日本が民主を重んじる国であるとしたら、法律の前に人と人は平等な関係であり、人権差別がないはずである。

法律の知識を持ち、善良で正直な人なら、『世紀の敗訴』を読んで原告・小野寺直様が必ず勝つと、当然信じるのではないかと思うが、彼は訴訟で負けたのである。

結果、合理性も証拠もある事実を基に、この『世紀の敗訴』という本は書き上げられた。

その目的は財産のためでもなく、ただそのことの真相を展現して見せ、その敗訴の原因を教えるためであろうと私は思っている。

国民の信頼を勝ち得ない国であるとしたら、平穏な秩序や、国民の安らかな気持が得られるものだろうか。この本はとても素晴らしい本であり、多くの皆様に是非読んでいただき、その中にある深刻な意味を考え重ねていただくよう推荐（推薦）したい。

二〇〇八年十一月二十三日」

平成二十五年（二〇一三）九月十三日、在日中国人向けの中国語の総合週刊誌『網博週報』も、

「誰が正統なのか。南朝は正天子であり、北朝は偽天子である。明治天皇は北朝の子孫であり、

誰が三種の神器を所有しているのか」(大意。原文中国語)という表題の記事の最後で「南朝正統」を報じています。身近なアジアでも、これだけの理解が進んでいるのです。

海外で日本皇室の正当性について、これだけ関心を持たれているにもかかわらず、日本国内では特に議論も起きないまま、持明院閨統(北朝)による皇統がずっと続いてきました。

しかし、偽りを前提とした国は見下げられます。

「王権外交」は国際的な外交の場では一番の影響力を持ちます。日本国憲法には宣戦布告に関する規定はありませんが、大日本帝国憲法には第十三条で「天皇ハ戰ヲ宣シ和ヲ講シ及諸般ノ條約ヲ締結ス」と規定されていました。

つまり、日本が戦争を起こすときは天皇が開戦の詔勅《しょうちょく》を発して宣戦布告をしていたのです。

あくまでも仮定の話ですが、正統な継承資格があるかどうか議論のある天皇がある日、開戦の詔勅を発して戦争を始め、勝ったとします。しかし、正統性に疑義のある国が「戦勝国だ」などと主張しても、世界の基準ではまったく相手にされない可能性があります。

近年、持明院統の皇位継承問題が議論されています。長く持明院統の皇室に男子が誕生しなかったため、将来的に持明院統では皇位継承資格者が存在しなくなることが懸念されているのです。

持明院統政体では女系天皇を容認するとか、皇位継承について定めている「皇室典範」を改正すべきという議論が起きています。

この議論が国会でなされたとき、私が驚いたのは、討論の最初に「七百年前の話は別として」という前置きがついたことです。つまり、「南朝正統皇統の系譜は別として」という意味でしょう。

かつて、明治政体天皇は自らの権限で「南朝皇統の正統」を否定することもできました。しかし、それをしなかったのも、また明治政体天皇でした。

つまり、その時点で、自らの持明院統（北朝）による皇統は政体であって国体ではないと認めているのではないでしょうか。

「南朝正統天皇」が人権侵害を訴えることができない理由

一般の人たちが人権を侵害されたとき、裁判所に訴えます。そうすれば多くの場合、解決できるでしょう。しかし、天皇に関してそれは不可能です。

そのことを示す出来事が昭和二十六年（一九五一）に起きました。すなわち同年一月五日に前述の熊沢寛道氏が「天皇不適格確認の訴え」を起こしたのに対して、昭和二十六年二月十九日、東京地裁は「天皇は裁判権に服しない」との理由で、「本件訴状を却下する」としたのです。

それに対し、熊沢寛道氏は東京高等裁判所に「抗告」しましたが、それも判決で却下されました。その却下理由は以下の通りです。

「天皇が日本国の象徴であり日本国民統合の象徴であって、この地位が主権の存する日本国民の総意に基《もと》づくものであることは、日本国憲法第一条に明定するところである。この日本国の象徴であり日本国民の統合の象徴であるという天皇の地位は、国会の議決した皇室典範の定めるところによって、皇位に即《つ》かれた天皇と不可分一体の地位であって、一言にしていえば天皇すなわち日本国の象徴であり日本国民統合の象徴であることは憲法第一条第二条の規定に徴し明白一点の疑いをいれないところである。

すなわち天皇であることが、日本国の象徴であり日本国民統合の象徴なのであるから、現に皇室典範の定めるところにより、皇位にある天皇が、他のいかなる理由かにおいてその象徴たる適格がないかどうか、というようなことを云々する余地は全くないものといわなければならない。

日本国憲法によって定められた天皇の象徴たる地位が右のようなものであり、しかも、それが日本国民の総意に基くものである以上、日本国憲法は国民各自に現に皇室典範の定めるところにより皇位にある天皇に対していかなる理由においても、日本国の象徴であり日本国民統合の象徴である適格がないことの確認を裁判所に訴求する権利を認めておらず、またいかなる裁判所にもこれについて裁判をなす権限を認めていないものと解すべきはむしろ当然である。

本件記録中の訴状によれば、抗告人等は現に皇室典範の定めるところにより皇位にある天皇に対して、日本国憲法第一条の日本国の象徴であり日本国民統合の象徴である天皇としての適格がないことの確認を原裁判所に訴求したものであることが明《あきら》かであるが、抗告人等は憲法上原裁判所にかような訴求をなす権利がなく、また原裁判所もかような訴《うったえ》について裁判をなす権限がないことは以上説明するとおりである。

かような全然裁判所に裁判権がない事項について訴が提起されたときは、当該受訴裁判所の裁判官は直ちに命令を以《もっ》て訴状を却下すべきものと解すべきであるから、受訴裁判所の裁判官が天皇は裁判権に服しないとして抗告人等の本件訴状を命令を以て却下したのは結局においては相当である。

抗告人等は右命令に対して当裁判所に抗告を申立《もうしたて》たのであるが、抗告状によれば、抗告の理由は要するに、抗告人等の提起した訴については原裁判所に裁判権があるにかかわらず原裁判所の裁判官が命令を以て訴状を却下したのは不当であるというに帰する。しかしながら本件抗告の基本となっている前記訴について裁判所に裁判権がない以上抗告人等の本件抗告については、抗告裁判たる当裁判所の裁判長は直ちに命令を以て抗告人等の本件抗告状を却下するのを相当とする。

よって主文のとおり命令する。

昭和二十六年六月二十九日

東京高等裁判所第一民事部
裁判長判事　柳川昌勝

右は正本である。
昭和二十六年六月三十日
東京高等裁判所第一民事部
裁判所書記官補　星野喜一（印）」（ルビは引用者が付した）

この判決は判例として確定しています。

つまり、政体天皇が裁判の対象となることはありえないということです。それゆえに、「国体天皇」が自ら天皇としての人権侵害を日本の裁判所に訴える術《すべ》はないのです。

人権侵害の例としては、先に述べた墓所の盗掘の件だけでなく、「韓国から私のもとに届くべき手紙を郵便局が宮内庁に誤配送し、それを宮内庁で開封して内容をチェックした」という事案も私自身が体験しています。

私は「三種の神器」を継承し、国体を代表する位置にある「国体天皇としての」立場を変えるつもりはありません。また、北朝政体天皇に帰属する先祖の祭祀はそちらで祀っていただいてかまいませんが、北朝政体側に帰属しない国体側の天皇はこちらで祀りたいと考えていますが、いかがでしょうか。

　では、現在、皇統における混乱をどうしたらスムーズに解決できるのでしょうか。それは、政体が私の国体としての立場を認めることではないかと思います。

　そのうえで、国体が政体皇室に「委任する」という方法を採るのが一番いいと考えています。「王権外交」においても現在のような混乱状態では相手にされない恐れがあります（実際に天皇夫妻が外遊しても国賓扱いされなかったという事態も起きています）。

　だからこそ、まずは、「神武天皇からずっと続いてきた国体血脈云々……」というような無理のある主張をやめて、

「七百二十年前、伏見と称した祖先が、本来、君主の地位の継承資格がないまま、君主の地位を奪取してしまった」

　という説を謙虚に検討するところから始めてはどうでしょうか。

　そして、「国体」から委任された政体としてなら、現在の皇室が「正統な条件を備えた象徴」と認められるということを、国民として是としてはいかがでしょうか。私はそれでかまわないと思っています。

　持明院統としては、国体府としての南朝の真実が明らかになったとき、「これまでの歴史において、ひどいことをしてきたのだから、自分たちの立場や生活が危うくなるのではないか」という認識があるのかもしれません。しかし、このまま国体府である南朝と政体府である北朝

が割れたままでは、外交にも支障が出てくるでしょう。

日本は敗戦による荒廃から、驚異的な経済発展を遂げました。その経済的な存在感は世界も認めています。一方で、国際社会における権威や発言力となると、これにまったく比例していないように思えます。

その典型的な例は、現在の国連（私は「国際戦勝国連合」の略だと思っています）における我が国の立場でしょう。国際社会での国連の役割は、近年さらにその重要性を増し、また期待されています。

この国連の運営維持に必要な資金に関して、日本は米国に次いで大きな負担をしています。一時期など、米国はユネスコ（国連教育科学文化機関）への資金負担を頑強に拒否し、そのほとんどを日本が肩代わりしていた時期もあります。

にもかかわらず、現在でも日本は常任理事国になれないばかりか、日本も含め、第二次世界大戦での敗戦国を想定した国連の敵国条項がいまだに残っているのです。それはなぜか。

ドイツではヒトラーのナチスが消え、イタリアではムッソリーニが消えました。ところが、日本においては「宣戦布告した天皇の国家が現存している」という認識が戦勝国側にあるからです。しかも、明治四十四年（一九一一）に帝国議会で、第二次桂内閣は、

「大覚寺統（南朝）正統」

とする決議を行っています。正統ではない天皇が宣戦布告をする（開戦の詔勅を発する）と

いうこと自体、考えられないことではないでしょうか。

韓国や中国は「日本は歴史の誤りを正せ」という見解を発表していますが、これは慰安婦問題だけを取り上げているのではなく、皇統の真実を知り、この問題を明らかにすべきであると促しているように私には思えます。中国などは自国の新聞にもはっきり書いていることからも、それはわかります。

特に韓国の歴代大統領は、現在の天皇家に対して厳しい姿勢を見せていますが、その背景には過去の歴史認識の問題もあるはずです。

というのも、韓国は周王の分族である「韓王」に仕えた民であることを誇りとして、「大韓民国」と名乗っています。日本の正統皇統は本当は周の皇統なのですから、そう宣言した方が韓国にとってははるかに親近感が湧くし、そうしてほしいと考えているはずです。

平成二十三年（二〇一一）三月十一日に起きた東日本大震災にともない、東京電力の福島第一原発の事故が起きました。この事故による影響は、日本国民の従来の社会観や国家観の意識に、加速度的な変化を見せ始めています。

国際経済においてはマネー主義がはびこり、その秩序が今日、大きな綻びをさらしています。アメリカ、イギリス・フランス・ドイツのヨーロッパ、中東諸国、北アフリカ、南アジア、そして日本を含む極東までもが、経済の不安定要素を顕在化させつつあります。

日本を含む全世界の国々がその秩序の維持と、その維持に必要な国家の権威を失いつつあるのです。そのような中で、正統（国体）天皇と、明治以来、実績を積んできた政体天皇がその立場を明確にし、相互理解のもと、互いに協力し合う姿勢を示すことこそが求められていると思います。

そうすることで、真の人類の平和と正しい文明・文化の継承、そして、これからの秩序ある国際社会の維持・繁栄がもたらされるものと信じています。

実際に、持明院統側から和睦の交渉もありました。まだ課題はたくさんありますが、問題解決の根本義は国民の一人ひとりが人類の文明文化史をとらえて自立の立場で歴史を踏まえて本質的な議論をして判断すべき問題でしょう。

加害者一同は当然、誤った加害の謝罪を行うべきでしょう。こちらとしては、それに対して協力するつもりです。

また有志により「日韓文化振興会」をつくって韓国を訪問するという形で、持明院統・大覚寺統の和睦が平和のシンボルとして一時実現したこともありました。

もし、本当の和睦が成立して、正しい皇統の理解が示されたとしたら、今世紀最大、いえ、人類史上最大のイベントとなるにちがいありません。

最後に、物理学の世界的な権威、アルベルト・アインシュタイン博士が、大正十二年（一九二三）に来日したときの「予言」とされる文章を紹介して、本書を終えたいと思います。

「世界の未来は進むだけ進み、その間、幾度か争いは繰り返されて、最後は戦いに疲れるときが来る。そのとき、人類は真実の平和を求めて、世界の盟主をあげねばならない。

この世界の盟主である者は、武力や金の力ではなく、あらゆる国の歴史を超越した、最も古く、また尊い家柄でなくてはならない。

世界の文化はアジアに始まってアジアに還《かえ》る。それはアジアの高峰、日本に立ち戻らなければならない。

我々は神に感謝する。我々に日本という尊い国を造っておいてくれたことを」

迫害の歴史を重ねないために［あとがき］として

本書で東武天皇（＝大政天皇〔知徳院〕）を玄祖父と表現してきましたが、血縁のうえでは私との関係は「曾祖父」が正しい表現です。

玄祖父としたのは、戊辰戦争後に大政天皇はもちろん、その息子——つまり私の祖父——の身を案じて行った、複雑な戸籍の編入があり、一般的にはわかりにくいかもしれない、と考えたためです。

本書で述べたように、戊辰戦争で仙台藩奉行の任にあった松本要人《かなめ》は政体府に対抗したため、反逆者の烙印《らくいん》を押されました。そこで、家臣・千葉源左衛門に自殺させて、自分が死んだとみせかけ、函館に逃げます。

松本の身代わり自殺をした千葉源左衛門は、仙台市北山（松本家歴代）の覚範寺《かくはんじ》に葬られ、松本要人の碑が立てられました。その後、明治三十年（一八九七）になって碑面が削られ、源左衛門の名が刻まれました。

このような例を見てもわかるように、明治政府の探索から逃れるためには、注意深く戸籍を隠す必要がありました。そこで、大政天皇は妃の伊達光子ともども死亡したことにしました。

そして、大政天皇は光子との息子（私の祖父）を異腹の長男・勇五郎（証通院）に預け、勇五郎の実子として入籍したのです。

祖父は勇五郎の異母弟として伊達光子を母とし、誕生したために幼名を「徳六郎」と称しました。仙台伊達慶邦の実子として入籍。それからすぐに夭逝《ようせつ》したことにして、その「胞衣《えな》」（胎盤が入れられた容器）を納める葬儀が盛大に営まれました。

その法名《ほうみょう》は「梅嶽院殿《ばいがくいんでん》」と付けられましたが、現実には、祖父は名を「勇一郎」と改め、異腹の長男である勇五郎に預けられ、勇五郎の実子として、その戸籍に編入されました。

祖父の乳母は、柴田岡右衛門将紀の妻でした。

一方で、大政天皇は世を逃れるために、東京の高輪・東禅寺の仙台伊達家墓域の中に自身の墓陵を設け、その墓陵に、実父である南主・龍善院《りゅうぜんいん》皇の遺骨を納め、自身の遺骨と見せかけました。

こうして明治政体府の追跡を逃れた大政天皇は、明治二十七年（一八九四）正月三日に崩御。高輪東禅寺の墓陵の地に再度、埋葬されました。

「法諡《ほうし》（おくり名）、知徳院殿都正位、称、蔵鋒知禅《ぞうほうちぜん》、大居士」

大政天皇の妃、伊達光子は「普照院殿」と呼ばれ、明治十二年（一八七九）七月十一日崩去。法諡、浄照院秋月光妙月清大姉。

戊辰戦争において、正統天皇を擁護した人たち――通称では、旧南朝の末裔といわれる人たち――は、日本全国に数多くいます。そのような人たちは長く差別を受け、迫害されてきました。また、その立場をうまく利用して財産をつくった人もまた、たくさんいました。

　この国の行政と対立するつもりはありませんが、いつまでも誤解がはびこったままの現状はなんとかしなければいけません。そして迫害の歴史を重ねてはいけないとも思います。

　そこで、南朝の人たちの待遇改善、現在の皇室との歩み寄りなどを考えて、平成二十六年（二〇一四）三月に「一般財団法人・大日本国国体府」を発足させました。本書でこれまで述べてきたように、正しい歴史認識を踏まえ、世界から認められる王権外交ができる国家づくりを目指しています。

　本書に最後までお付き合いくださり、ありがとうございました。

参考文献

『世界の盟主「大日本皇統とは」人類一八〇万年史』小野寺直著、大日本璽府広報出版局
『世紀の敗訴　失われた宝と復活した正史』小野寺直著、大日本璽府広報出版局
『正統天皇と日蓮　ついに明かされる王仏冥合の真実』小野寺直著、いしずえ出版
『月刊ムー』二〇一四年六月号、学研パブリッシング

◉著者について
小野寺直（おのでら なおし）
南朝111代主。明治元年（1868）6月15日に即位した大政天皇（通称・東武皇帝。後醍醐天皇の正裔）の曾孫として昭和20年（1945）に生まれる。現在、宗教法人太平教団代表理事、一般財団法人大日本国国体府代表理事。本書は南朝正裔である著者が、特定宗教団体からの圧力、ネットを使った攻撃にも屈せず、「正統天皇家の歴史」「三種の神器の意味と真実」「立憲君主国家としての天皇の継承問題」を明らかにし、明治以降に捏造された「通説」を根本から覆すものである。

もうひとりの天皇《てんのう》

南朝《なんちょう》111代主《だいしゅ》が語《かた》る歴史《れきし》の真実《しんじつ》

◉著者
小野寺直《おのでらなおし》

◉発行日
初版第1刷　2015年2月25日

◉発行者
田中亮介

◉発行所
株式会社 成甲書房

郵便番号101-0051
東京都千代田区神田神保町1-42
振替00160-9-85784
電話 03(3295)1687
E-MAIL mail@seikoshobo.co.jp
URL http://www.seikoshobo.co.jp

◉印刷・製本
株式会社 シナノ

Printed in Japan, 2015
ISBN978-4-88086-324-5

定価は定価カードに、
本体価はカバーに表示してあります。
乱丁・落丁がございましたら、
お手数ですが小社までお送りください。
送料小社負担にてお取り替えいたします。